# Šalátový Ráj

# Kreatívne Chuťové Harmonie

Lucia Nováková

# Obsah

Fatoosh ................................................................................................ 9
Kyslý šalát z hrušiek a nivy ............................................................. 11
Pikantný taliansky šalát ................................................................. 13
Caesar šalát II ................................................................................. 15
Šalát s prosciuttom, hruškami a karamelizovanými vlašskými orechmi 17
Rímsky a mandarinkový šalát s makovým vinaigrettom ............ 19
Šalát z reštaurácie Style House ..................................................... 21
Špenátový šalát .............................................................................. 23
Super sedem špenátový šalát ....................................................... 25
pekný šalát ..................................................................................... 26
Špenát a orzo šalát ........................................................................ 27
Jahodový, kiwi a špenátový šalát .................................................. 29
špenátový šalát z granátového jablka .......................................... 30
Špenátový šalát s paprikovým želé vinaigrette ........................... 31
Veľmi jednoduchý šalát zo špenátu a červenej papriky .............. 32
Špenát, melón a mätový šalát ...................................................... 33
Pekný šalát z granátového jablka ................................................. 35
Chrumkavý jablkovo-mandľový šalát ........................................... 36
Mandarínka, gorgonzola a mandľové potešenie ........................ 37
Rímsky a pomarančový šalát ........................................................ 38
Návykový šalát ............................................................................... 39
Kapustový šalát s granátovým jablkom, slnečnicovými semienkami a plátkami mandlí .................................................... 41
Feta šalát z granátového jablka s citrónovou dijonskou vinaigrette ..... 43

Rukola, fenikel a pomarančový šalát .................................................. 45

Špenátový šalát s avokádom a vodným melónom ............................ 46

Šalát z avokáda, kelu a quinoy ........................................................... 47

Cuketový šalát so špeciálnym dresingom .......................................... 49

Zeleninový a slaninový šalát ............................................................... 51

Chrumkavý uhorkový šalát .................................................................. 53

Farebný zeleninový a syrový šalát ...................................................... 54

Krémový uhorkový šalát ...................................................................... 56

Salát so slaninou a brokolicou ............................................................ 58

Zeleninový šalát a kukuričný chlieb ................................................... 60

Fazuľový a zeleninový šalát ................................................................. 62

Kukuričný a olivový šalát ..................................................................... 64

kukuričný šalát ...................................................................................... 66

Čerstvý maďarský šalát ........................................................................ 68

Dokonalá zmes paradajok, uhoriek a cibule ..................................... 70

Klasický uhorkový šalát ....................................................................... 72

Čerešňový paradajkový šalát .............................................................. 74

Špargľový šalát ..................................................................................... 76

Makaróny a hrášok Black Eyed v šaláte ............................................. 78

Špenátový a repný šalát ...................................................................... 80

Zemiakový šalát s balzamikovým octom ........................................... 82

Marinovaný paradajkový šalát ............................................................ 84

Lahodný brokolicový šalát ................................................................... 86

Kukuričný šalát s talianskym dresingom ........................................... 88

Špargľa a paprikový šalát .................................................................... 89

Paradajkový a bazalkový šalát ............................................................ 91

Farebný záhradný šalát ....................................................................... 93

Hubový šalát ........................................................................... 95
Quinoa, mäta a paradajkový šalát ........................................ 97
Recept na šalát z kyslej kapusty .......................................... 99
Rýchly uhorkový šalát ........................................................ 101
Nakrájané paradajky so smotanovým vinaigrettom ........ 103
Tanier cviklového šalátu .................................................... 104
Šalát s kuracím mäsom a špenátom .................................. 106
Nemecký uhorkový šalát ................................................... 108
Farebný citrusový šalát s jedinečným dresingom ............. 110
Zemiakový, mrkvový a cviklový šalát ................................. 112
Špenátový a černicový šalát .............................................. 113
Zeleninový šalát so švajčiarskym syrom ............................ 115
Lahodný mrkvový šalát ...................................................... 117
Nakladaný zeleninový šalát ............................................... 119
Pečený farebný kukuričný šalát ......................................... 121
Krémová uhorka ................................................................ 123
Šalát z nakladaných húb a paradajok ............................... 125
Fazuľový šalát .................................................................... 127
Cesnakový repný šalát ...................................................... 129
Nakladaná kukurica ........................................................... 130
Hráškový šalát ................................................................... 132
repový šalát ....................................................................... 134
Jablkový a avokádový šalát ............................................... 136
Kukuričný šalát, fazuľa, cibuľa .......................................... 138
Taliansky zeleninový šalát ................................................. 140
Cestovinový šalát z morských plodov ............................... 142
Grilovaný zeleninový šalát ................................................ 144

Lahodný letný kukuričný šalát .................................................. 146

Chrumkavý hráškový šalát s karamelom .................................. 148

Čarovný šalát z čiernej fazule .................................................. 150

Lahodný grécky šalát ............................................................... 152

Úžasný thajský uhorkový šalát ................................................ 154

Bazalkový paradajkový šalát bohatý na bielkoviny .................. 156

Rýchly uhorkový avokádový šalát ........................................... 158

Orzo a lahodný paradajkový šalát so syrom feta .................... 160

Uhorkový a paradajkový šalát ................................................. 162

Babičkin baklažánový šalát ..................................................... 164

Šalát z mrkvy, slaniny a brokolice ........................................... 166

Uhorkový a paradajkový šalát s kyslou smotanou .................. 168

Paradajkový šalát z tortellini ................................................... 170

Brokolica a slanina v majonézovom vinaigrette ...................... 173

Kurací šalát s uhorkovým krémom .......................................... 175

Zelenina s chrenom vinaigrette ............................................... 177

Sladký hrášok a cestovinový šalát .......................................... 179

Farebný paprikový šalát .......................................................... 181

Kurací šalát, sušené paradajky a píniové oriešky so syrom ... 183

Mozzarella a paradajkový šalát ............................................... 185

Pikantný cuketový šalát ........................................................... 187

Paradajkový a špargľový šalát ................................................ 189

Uhorkový šalát s mätou, cibuľou a paradajkami ..................... 191

Ada šaláty ................................................................................ 193

Ajvar ........................................................................................ 195

Bakdoonsiyyeh ........................................................................ 197

Dôvod pre Rellena .................................................................. 198

Curtido ........................................................................................ 200

Ročne Ročne ............................................................................ 202

Hobak Namul ........................................................................... 204

Horiatiki šalát .......................................................................... 206

Kartoffelsalat ........................................................................... 208

Kvashenaya Kapusta provensálska ..................................... 210

Waldorfský kurací šalát ........................................................ 211

Šošovicový šalát s olivami, výborný a feta ....................... 213

Thajský grilovaný hovädzí šalát .......................................... 215

Americký šalát ........................................................................ 217

## Fatoosh

Ingrediencie:

Obmieňajte porcie

2 pita chleby

8 listov rímskeho šalátu, natrhaných na kúsky

2 zelené cibule, nakrájané

1 uhorka, nakrájaná

3 paradajky nakrájané na štvrtiny

1 strúčik cesnaku, olúpaný a nasekaný

2 polievkové lyžice. Sumak prášok

¼ šálky citrónovej šťavy

¼ šálky olivového oleja

1 C. Soľ

vs. Mleté čierne korenie

¼ šálky nasekaných lístkov mäty

Metóda

Predhrejte rúru na 350 stupňov F, 175 stupňov C. Opekajte pitas 5 až 10 minút v predhriatej rúre, kým nebudú chrumkavé. Rozdeľte na kúsky veľkosti sústa. Vo veľkej miske zmiešajte opečené kúsky pita chleba, zelenú cibuľku, rímsku rascu, uhorku a paradajky. Ihneď podávajte.

Užite si to!

## *Kyslý šalát z hrušiek a nivy*

Ingrediencie

1/3 šálky kečupu

½ šálky destilovaného bieleho octu

¾ šálky bieleho cukru

2 polievkové lyžice. Soľ

1 šálka repkového oleja

2 hlávky rímskeho šalátu, nasekané

4 unce rozdrobeného modrého syra

2 hrušky, olúpané, zbavené jadrovníkov a nakrájané

½ šálky opečených nasekaných vlašských orechov

½ červenej cibule, nakrájanej

Metóda

V malej miske dobre zmiešame kečup, cukor, ocot a soľ. Postupne pridávajte olej za stáleho miešania, kým sa dobre nespojí. Vo veľkej mise zmiešajte šalát, nivu, hrušky, vlašské orechy a červenú cibuľu. Zálievkou prelejeme šalát a premiešame, aby sa obalil.

Užite si to!

# *Pikantný taliansky šalát*

Ingrediencie:

½ šálky repkového oleja

1/3 šálky estragónového octu

1 polievková lyžica. biely cukor

1 červená paprika, nakrájaná na prúžky

1 strúhaná mrkva

1 mletá červená cibuľa

¼ šálky čiernych olív

¼ šálky zelených olív bez kôstok

½ šálky nakrájanej uhorky

2 polievkové lyžice. Strúhaný syr Romano

Mleté čierne korenie podľa chuti

Metóda

V strednej miske zmiešajte repkový olej, cukor, suchú horčicu, tymian a cesnak. Vo veľkej mise zmiešajte šalát, červenú papriku, mrkvu, červenú cibuľu, artičokové srdiečka, čierne olivy, zelené olivy, uhorku a syr Romano.

Dajte do chladničky na 4 hodiny alebo cez noc. Dochutíme korením a soľou.

Podávajte čerstvé.

Užite si to!

# Caesar šalát II

Ingrediencie:

1 hlava rímskeho šalátu

2 šálky toastu

1 citrónová šťava

1 štipka worcesterskej omáčky

6 strúčikov cesnaku, mletého

1 polievková lyžica. dijonská horčica

½ šálky olivového oleja

¼ šálky strúhaného parmezánu

Metóda

Rozdrvte toasty v hlbokej miske. Rezervovať. Zmiešajte horčicu, citrónovú šťavu a worcestrovú omáčku v miske. Dôkladne rozmixujte v mixéri a pomaly pridávajte olivový olej do krémovej konzistencie. Zálievkou zalejeme listy šalátu. Pridajte krutóny a syr a dobre premiešajte. Ihneď podávajte.

Užite si to!

# Šalát s prosciuttom, hruškami a karamelizovanými vlašskými orechmi

Ingrediencie:

2 poháre pomarančového džúsu

2 polievkové lyžice. Červený vínny ocot

2 polievkové lyžice. nadrobno nakrájanú červenú cibuľu

1 polievková lyžica. biely cukor

1 polievková lyžica. biele víno

1 šálka polovičiek vlašských orechov

½ šálky bieleho cukru

¼ šálky vody

¾ šálky extra panenského olivového oleja

1 polievková lyžica. Maslo

2 hrušky – olúpané, zbavené jadrovníkov a nakrájané na štvrtiny

Prosciutto, nakrájané na tenké prúžky - 1/4 libry

2 rímske srdcia, začervenané a roztrhané

Metóda

V strednom hrnci najskôr zohrejte pomarančový džús na stredne vysokej teplote, často šľahajte, kým sa nezníži o 1/4. Pridajte do mixéra spolu s octom, cibuľou, cukrom, vínom, soľou a korením. Maslo rozpustite na nepriľnavej panvici na strednom ohni, miešajte na nízkej rýchlosti, odstráňte veko a pomaly pokvapkajte olivovým olejom, aby omáčka emulgovala.

Pridáme cukor a vodu a za stáleho miešania varíme. Hrušky a vlašské orechy opekáme na masle 3 minúty. Odstráňte z tepla a nechajte vychladnúť.

Pridajte omáčku. Teraz podávajte na veľkom talianskom tanieri.

Užite si to!

# Rímsky a mandarinkový šalát s makovým vinaigrettom

Ingrediencie:

6 plátkov slaniny

1/3 šálky jablčného octu

¾ šálky bieleho cukru

½ šálky nahrubo nakrájanej červenej cibule

½ lyžičky. Suchý horčičný prášok

vs. Soľ

½ šálky rastlinného oleja 1 polievková lyžica. Mak

10 šálok natrhaných listov rímskeho šalátu

10 oz klinčekov mandarínky, scedených

¼ šálky pražených, nasekaných mandlí

Metóda

Na panvici opražíme slaninu. Scedíme, rozdrobíme a odložíme bokom. Do misky mixéra vložte ocot, cukor, červenú cibuľu, práškovú horčicu a soľ. Znížte rýchlosť mixéra na stredne nízku. Vmiešame mak, teraz miešame, kým sa nezapracuje a omáčka nebude krémová. Vo veľkej mise kombinujte rímsku rascu s nadrobenou slaninou a mandarínkami. Polejeme omáčkou a ihneď podávame.

Užite si to!

# Šalát z reštaurácie Style House

Ingrediencie:

Obmieňajte porcie

1 veľký rímsky šalát, opláchnutý, scedený a natrhaný na kúsky

4 oz. Jar nakrájané chilli papričky, scedené

2/3 šálky extra panenského olivového oleja

1/3 šálky červeného vínneho octu

1 C. Soľ

1 veľký ľadovec - opláchnite, osušte a natrhajte na kúsky

14 uncí artičokových sŕdc, scedených a rozštvrtených

1 šálka nakrájanej červenej cibule

vs. Mleté čierne korenie

2/3 šálky syra - strúhaný parmezán

Metóda

Zmiešajte všetky ingrediencie v miske a dobre premiešajte. Ihneď podávajte.

Užite si to!

# Špenátový šalát

Ingrediencie:

Obmieňajte porcie

½ šálky bieleho cukru

1 šálka rastlinného oleja

2 polievkové lyžice. worcesterská omáčka

1/3 šálky kečupu

½ šálky bieleho octu

1 malá nakrájaná cibuľa

1 libra špenátu – opláchnuté, vysušené a natrhané na kúsky

4 unce nasekaných gaštanov, scedených

5 plátkov slaniny

Metóda

Zmiešajte všetky ingrediencie v miske a dobre premiešajte. Ihneď podávajte.

Užite si to!

# *Super sedem špenátový šalát*

Ingrediencie:

6 oz balíček baby špenát

1/3 šálky na kocky nakrájaného syra čedar

1 jablko Fuji, olúpané, zbavené jadrovníkov a nakrájané na kocky

1/3 šálky jemne nakrájanej červenej cibule

¼ šálky sladených sušených brusníc

1/3 šálky blanšírovaných, nasekaných mandlí

3 polievkové lyžice. maková zálievka na šalát

Metóda

Zmiešajte všetky ingrediencie v miske a dobre premiešajte. Ihneď podávajte.

Užite si to!

## *pekný šalát*

Ingrediencie:

8 šálok baby špenátu

11 oz konzervovaných mandarínok

½ strednej červenej cibule, nakrájanej na samostatné krúžky

1 šálka rozdrobeného syra feta

1 šálka balzamikového dresingu vinaigrette

1 ½ šálky sladených sušených brusníc

1 šálka na mede opražených strúhaných mandlí

Metóda

Zmiešajte všetky ingrediencie v miske a dobre premiešajte. Ihneď podávajte.

Užite si to!

# Špenát a orzo šalát

Ingrediencie:

16 oz balenie nevarených cestovín orzo

10 oz balenie nadrobno nakrájaného baby špenátu

½ libry rozdrobeného syra feta

½ nadrobno nakrájanej červenej cibule

¾ šálky píniových oriešok

½ lyžičky. Sušená bazalka

vs. Mleté biele korenie

½ šálky olivového oleja

½ šálky balzamikového octu

Metóda

Priveďte do varu veľký hrniec s jemne osolenou vodou. Preložíme do veľkej misy a vmiešame špenát, fetu, cibuľu, píniové oriešky, bazalku a biele korenie. Pridajte orzo a varte 8 až 10 minút, sceďte a prepláchnite studenou vodou. Zmiešajte s olivovým olejom a balzamikovým octom. Vychladíme a podávame studené.

Užite si to!

## Jahodový, kiwi a špenátový šalát

Ingrediencie:

2 polievkové lyžice. Malinový ocot

2½ lyžice. Malinový džem

1/3 šálky rastlinného oleja

8 šálok špenátu, opláchnutý a natrhaný na kúsky

½ šálky nasekaných vlašských orechov

8 jahôd na štvrtiny

2 kiwi, olúpané a nakrájané na plátky

Metóda

Zmiešajte všetky ingrediencie v miske a dobre premiešajte. Ihneď podávajte.

Užite si to!

# špenátový šalát z granátového jablka

Ingrediencie:

1 vrecko 10 uncí baby špenátu, opláchnuté a odkvapkané

1/4 červenej cibule, nakrájanej na veľmi tenké plátky

1/2 šálky nasekaných vlašských orechov

1/2 šálky rozdrobenej fety

1/4 šálky lucernových klíčkov, voliteľné

1 granátové jablko, olúpané a odstránené semená

4 polievkové lyžice. Balzamovač

Metóda

Vložte špenát do šalátovej misy. Ozdobte červenou cibuľou, vlašskými orechmi, fetou a kapustou. Navrch posypeme semienkami granátového jablka a zalejeme omáčkou.

Užite si to!

# Špenátový šalát s paprikovým želé vinaigrette

Ingrediencie:

3 polievkové lyžice. Želé zo sladkej papriky

2 polievkové lyžice. Olivový olej

1/8 ČL Soľ

2 šálky baby špenátu

2 oz nakrájaný kozí syr

1/8 ČL dijonskej horčice

Metóda

Zmiešajte všetky ingrediencie v miske a dobre premiešajte. Ihneď podávajte.

Užite si to!

## *Veľmi jednoduchý šalát zo špenátu a červenej papriky*

Ingrediencie:

¼ šálky olivového oleja

6 oz balíček baby špenát

½ šálky syra - strúhaný parmezán

¼ šálky ryžového octu

1 nakrájanú červenú papriku

Metóda

Zmiešajte všetky ingrediencie v miske a dobre premiešajte. Ihneď podávajte.

Užite si to!

# Špenát, melón a mätový šalát

Ingrediencie:

1 polievková lyžica. Mak

¼ šálky bieleho cukru 10 oz vrecúško listov baby špenátu

1 šálka jablčného octu

¼ šálky worcesterskej omáčky

½ šálky rastlinného oleja

1 polievková lyžica. sezamové semienka

2 šálky na kocky nakrájaného vodného melónu so semienkami

1 šálka jemne nasekaných lístkov mäty

1 malá nasekaná červená cibuľa

1 šálka nasekaných opečených pekanových orechov

Metóda

Zmiešajte všetky ingrediencie v miske a dobre premiešajte. Ihneď podávajte.

Užite si to!

## *Pekný šalát z granátového jablka*

Ingrediencie:

10 uncí mandarínok, scedených

10 uncí baby špenátu

10 uncí listov rukoly

1 granátové jablko, olúpané a odstránené semená

½ mletej červenej cibule

Metóda

Zmiešajte všetky ingrediencie v miske a dobre premiešajte. Ihneď podávajte.

Užite si to!

## *Chrumkavý jablkovo-mandľový šalát*

Ingrediencie:

10 oz balenie hlávkového šalátu

½ šálky nasekaných mandlí

½ šálky rozdrobeného syra feta

1 šálka nasekaného jablkového koláča zbaveného semienok

¼ šálky nakrájanej červenej cibule

¼ šálky zlatých hrozienok

1 šálka malinového vinaigrette

Metóda

Zmiešajte všetky ingrediencie v miske a dobre premiešajte. Ihneď podávajte.

Užite si to!

# Mandarínka, gorgonzola a mandľové potešenie

Ingrediencie:

½ šálky blanšírovaných mandlí, opražených nasucho

1 šálka syra Gorgonzola

2 polievkové lyžice. Červený vínny ocot

11 uncí mandarínok, šťava vyhradená

2 polievkové lyžice. Zeleninový olej

12 uncí šalátu

Metóda

Zmiešajte všetky ingrediencie v miske a dobre premiešajte. Ihneď podávajte.

Užite si to!

## *Rímsky a pomarančový šalát*

Ingrediencie:

½ šálky pomarančového džúsu

1 veľký rímsky šalát - natrháme, umyjeme a osušíme

3 plechovky mandarínok

½ šálky nasekaných mandlí

3 polievkové lyžice. Olivový olej

2 polievkové lyžice. Červený vínny ocot

½ lyžičky. Mleté čierne korenie

vs. Soľ

Metóda

Zmiešajte všetky ingrediencie v miske a dobre premiešajte. Ihneď podávajte.

Užite si to!

## *Návykový šalát*

Ingrediencie:

1 šálka majonézy

½ šálky čerstvo nastrúhaného syra

½ šálky strúhanej mrkvy

¼ šálky smotanového syra - strúhaný parmezán

2 polievkové lyžice. biely cukor

10 oz balenie jarného šalátového mixu

½ šálky malých ružičiek karfiolu

½ šálky kúskov slaniny

Metóda

V malej miske zmiešajte 1/4 šálky parmezánu a cukru, majonézy, kým sa dobre nezmiešajú. Zakryte, potom nechajte cez noc v chladničke. Zmiešajte šalát, slaninu, 1/2 šálky mrkvy, parmezán a karfiol vo veľkej miske. Tesne pred podávaním prelejeme vychladnutou omáčkou.

Užite si to!

## *Kapustový šalát s granátovým jablkom, slnečnicovými semienkami a plátkami mandlí*

Ingrediencie:

½ kila kapusty

1 ½ šálky semien granátového jablka

5 polievkových lyžíc. Balzamovač

3 polievkové lyžice. Nerafinovaný olivový olej

2 polievkové lyžice. Slnečnicové semienka

1/3 šálky nasekaných mandlí

5 polievkových lyžíc. Ryžový ocot s červenou paprikou

Soľ podľa chuti

Metóda

Umyte a vytraste prebytočnú vodu z kapusty. Nakrájajte listy, kým nie sú jemné, ale stále majú nejaké listy. Zmiešajte strúhané mandle, strúhanú kapustu, semienka granátového jablka a slnečnicové semienka vo veľkej mise; premiešajte, aby sa spojili. Odstráňte stredové rebrá a stonky. Kapustovú zmes pokvapkajte olivovým olejom, ryžovým octom a balzamikovým octom a premiešajte. Na podávanie sa dochutí soľou.

Užite si to!

## Feta šalát z granátového jablka s citrónovou dijonskou vinaigrette

Ingrediencie:

10 oz balenie zmiešaných detských listov

8 oz balenie rozdrobeného syra feta

1 citrón, olúpaný a vyžmýkaný

1 C. Dijonská horčica

1 granátové jablko, olúpané a odstránené semená

3 polievkové lyžice. Červený vínny ocot

3 polievkové lyžice. Nerafinovaný olivový olej

Soľ a korenie podľa chuti

Metóda

Vložte šalát, feta syr a semená granátového jablka do veľkej miešacej misy. Potom v samostatnej veľkej miske zmiešajte citrónovú šťavu a kôru, ocot, horčicu, soľ, olivový olej a korenie. Nalejte zmes na šalát a premiešajte, aby sa obalila. Teraz podávajte ihneď kopať.

Užite si to!

# *Rukola, fenikel a pomarančový šalát*

Ingrediencie:

½ lyžičky. Mleté čierne korenie

¼ šálky olivového oleja

1 zväzok rukoly

1 polievková lyžica. drahá

1 polievková lyžica. Citrónová šťava

½ lyžičky. Soľ

2 pomaranče, olúpané a nakrájané na plátky

1 feniklová cibuľka, mletá

2 polievkové lyžice. Nakrájané čierne olivy

Metóda

Zmiešajte všetky ingrediencie vo veľkej miske a dobre premiešajte. Ihneď podávajte. Užite si to!

# Špenátový šalát s avokádom a vodným melónom

Ingrediencie:

2 veľké avokáda, olúpané, odkôstkované a nakrájané na kocky

4 šálky vodného melónu nakrájaného na kocky

4 šálky špenátových listov

1 šálka balzamikového dresingu vinaigrette

Metóda

Zmiešajte všetky ingrediencie vo veľkej miske a dobre premiešajte. Podávajte čerstvé.

Užite si to!

# Šalát z avokáda, kelu a quinoy

Ingrediencie

2/3 šálky quinoa

1 zväzok kapusty, nakrájaný na kúsky

½ avokáda, olúpané a nakrájané na kocky

1/3 šálky červenej papriky, nakrájanej

½ šálky uhorky nakrájanej na malé kocky

2 polievkové lyžice. Červená cibuľa, jemne nakrájaná

1 1/3 šálky vody

1 polievková lyžica. Strúhaný syr feta

trénovať

¼ šálky olivového oleja 2 polievkové lyžice. Citrónová šťava

1 ½ lyžice. dijonská horčica

vs. Morská soľ

vs. Čierne korenie, čerstvo mleté

Metóda

Do hrnca pridáme quinou a vodu. Priviesť do varu. Znížte teplotu a varte 15 až 20 minút. Nechaj to bokom. Kapustu dusíme v parnom hrnci 45 sekúnd. Všetky ochucovacie prísady vyšľaháme v miske. Kapustu, quinou, avokádo a zvyšok zmiešame a zalejeme dresingom.

Užite si to!

# Cuketový šalát so špeciálnym dresingom

Ingrediencie

6 malých cukiet nakrájaných na tenké plátky

½ šálky zelenej papriky, nakrájanej

½ šálky cibule, nakrájanej na kocky

½ šálky zeleru, nakrájaného na kocky

1 nádoba pimientos, scedená a nakrájaná na kocky

2/3 šálky octu

3 polievkové lyžice. biely vínny ocot

1/3 šálky rastlinného oleja

½ šálky) cukru

½ lyžičky. Pepper

½ lyžičky. Soľ

Metóda

Zmiešajte všetku zeleninu v strednej miske a odložte. Zmiešajte všetky ostatné ingrediencie v nádobe so vzduchotesným uzáverom. Hmotu silno pretrepeme a nalejeme na zeleninu. Zeleninu jemne premiešame. Prikryte a dajte do chladničky cez noc alebo aspoň na 8 hodín. Podávame vychladené.

Užite si to!

# Zeleninový a slaninový šalát

Ingrediencie

3 šálky nasekanej brokolice

3 šálky nakrájaného karfiolu

3 šálky nakrájaného zeleru

6 plátkov slaniny

1 ½ šálky majonézy

¼ šálky parmezánu

1 balenie mrazený zelený hrášok, rozmrazený

1 šálka sladených sušených brusníc

1 šálka španielskych arašidov

2 polievkové lyžice. strúhaná cibuľa

1 polievková lyžica. biely vínny ocot

1 C. soľ

¼ šálky bieleho cukru

Metóda

Slaninu opečte vo veľkej hlbokej panvici, kým pekne nezhnedne. Položte ho na tanier a rozvaľkajte. Vo veľkej miske zmiešajte brokolicu, karfiol, hrášok, brusnice a zeler. V inej miske zmiešame syr, majonézu, cibuľu, cukor, ocot a soľ. Zmes nalejte na zeleninu. Pridajte orechy, slaninu a dobre premiešajte. Podávajte ihneď alebo vychladené.

Užite si to!

# Chrumkavý uhorkový šalát

Ingrediencie

2 litre detských uhoriek nakrájaných na plátky so šupkou

2 cibule, nakrájané nadrobno

1 šálka octu

1 ¼ šálky cukru

1 polievková lyžica. Soľ

Metóda

Zmiešajte cibuľu, uhorku a soľ v miske a namočte na 3 hodiny. Vezmite panvicu a pridajte ocot a zohrejte. Pridajte cukor a neustále miešajte, kým sa cukor nerozpustí. Odstráňte uhorku z namáčacej zmesi a vypustite prebytočnú tekutinu. Pridajte uhorku do octovej zmesi a premiešajte. Vložte zmes do plastových mraziacich vreciek alebo nádob. Zmrazte to. Rozmrazte a podávajte vychladené.

## Farebný zeleninový a syrový šalát

Ingrediencie

1/3 šálky červenej alebo zelenej papriky, nakrájanej na kocky

1 šálka zeleru, nakrájaného na kocky

1 balenie mrazeného hrášku

3 sladké uhorky, nasekané nadrobno

6 Šalát

2/3 šálky majonézy ¾ šálky syra čedar, nakrájaného na kocky

Paprika, čerstvo mletá

Soľ podľa chuti

Metóda

Vezmite veľkú misku. Zmiešajte majonézu, korenie a soľ. Do zmesi pridáme červenú alebo zelenú papriku, kyslú uhorku, zeler a hrášok. Všetky ingrediencie dobre premiešame. Do zmesi pridajte syr. Dajte ju do chladničky na 1 hodinu. Listy šalátu položte na šalátový tanier a zmes preložte cez listy.

Užite si to!

## *Krémový uhorkový šalát*

Ingrediencie

9 šálok uhoriek, olúpaných a nakrájaných na tenké plátky,

8 zelených cibúľ, nakrájaných nadrobno

vs. cibuľová soľ

vs. Cesnaková soľ

½ šálky jogurtu

½ šálky nízkotučnej majonézy

vs. Pepper

2 kvapky feferónovej omáčky

¼ šálky odpareného mlieka

¼ šálky jablčného octu

¼ šálky) cukru

Metóda

Vezmite veľkú misku. Uhorku, zelenú cibuľku, cibuľovú soľ, cesnakovú soľ a jogurt dáme do misky a dobre premiešame. Zmiešajte majonézu, korenie, paprikovú omáčku, mlieko, ocot, cukor a vytvorte homogénnu zmes.

Omáčku natrieme na uhorkovú zmes. Dobre premiešajte, aby sa všetka zelenina obalila vinaigrette. Šalát dáme do chladničky na 4 hodiny.

Podávajte vychladené.

Užite si to!

## *Salát so slaninou a brokolicou*

Ingrediencie

1 hlavička brokolice, nakrájaná na kúsky

10 plátkov slaniny

¼ šálky červenej cibule, nakrájanej nadrobno

½ šálky hrozienok

3 polievkové lyžice. biely vínny ocot

1 šálka majonézy

1 šálka slnečnicových semienok

2 polievkové lyžice. biely cukor

Metóda

Vezmite veľkú panvicu. Slaninu opekáme, kým nie je rovnomerne prepečená. Rozdrobte a odložte bokom. Vložte brokolicu, hrozienka a cibuľu do misky a premiešajte, aby sa spojili. Vezmite malú misku a zmiešajte majonézu, ocot a cukor. Nalejte ju na brokolicovú zmes a premiešajte. Vložte do chladničky na dve hodiny. Pred podávaním pridajte slaninu a slnečnicové semienka.

Užite si to!

## *Zeleninový šalát a kukuričný chlieb*

Ingrediencie

1 šálka kukuričného chleba, nahrubo rozdrobeného

1 plechovka celozrnnej kukurice, scedená

½ šálky cibule, nakrájanej

½ šálky uhorky, nakrájanej

½ šálky brokolice, nakrájanej

½ šálky zelenej papriky a červenej papriky, jemne nakrájanej

½ šálky nakrájaných paradajok so semienkami

½ šálky korenia

ranch dressing

Soľ a korenie podľa chuti

listy šalátu

Metóda

Vezmite veľkú misku. Pridajte kukuričný chlieb a zeleninu. Zmes premiešajte. Zmes pokvapkáme omáčkou. Pridajte soľ a korenie podľa chuti. Hoď to znova. Zmes prikryte a dajte do chladničky aspoň na 4 hodiny. Šalát položíme na listy šalátu a podávame.

Užite si to!

## Fazuľový a zeleninový šalát

Ingrediencie

2 plechovky celá kukurica, scedená

1 plechovka čiernej fazule, opláchnutá a scedená

8 zelených cibúľ, nakrájaných nadrobno

2 papričky jalapeňos zbavené semienok a nakrájané nadrobno

1 zelená paprika, nakrájaná na tenké plátky

1 avokádo, olúpané a nakrájané na kocky

1 pohár papriky

3 paradajky, nakrájané na plátky

1/2 šálky talianskeho dresingu

1/2 lyžičky. cesnaková soľ

1 šálka nasekaného koriandra

1 limetka, vyžmýkaná

Metóda

Vo veľkej miske skombinujte čierne fazule a kukuricu. Pridajte zelenú cibuľu, papriku, papričku jalapeňo, čili, avokádo a paradajku a premiešajte. Do zmesi pridajte koriandr, limetkovú šťavu a taliansky dresing. Do korenia pridajte cesnakovú soľ. Dobre premiešajte. Podávajte vychladené.

Užite si to!

## *Kukuričný a olivový šalát*

Ingrediencie

1 balenie mrazenej kukurice

3 varené vajcia

½ šálky majonézy

1/3 šálky olív plnených čili

2 polievkové lyžice. Pažítka, mletá

½ lyžičky. Chilli prášok

vs. Kmínový prášok

1/8 ČL Soľ

Metóda

Zmiešajte kukuricu, nakrájané vajcia a olivy vo veľkej miske. V strednej miske zmiešame majonézu a ostatné ingrediencie na dresing. Pridajte majonézu do kukuričnej zmesi. Dobre premiešame, aby všetka zelenina a kukurica boli pokryté majonézou. Prikryte misku. Vložte do chladničky na 2 hodiny. Podávajte čerstvé.

Užite si to!

## *kukuričný šalát*

Ingrediencie

6 jadierok, olúpaných, umytých a sušených

3 veľké paradajky

1 cibuľu nakrájanú nadrobno

¼ šálky bazalky, mletej

2 polievkové lyžice. biely ocot

¼ šálky olivového oleja

Soľ a korenie podľa chuti

Metóda

Kukuricu uvaríme na panvici s vriacou vodou, scedíme a necháme vychladnúť. Z klasu odrežte jadrá. Vezmite veľkú misku na šalát. Zmiešajte kukuricu, bazalku, cibuľu, paradajky, ocot, soľ a korenie a olej. Dobre premiešajte. Podávame vychladené.

Užite si to!

# Čerstvý maďarský šalát

Ingrediencie

1 balenie mrazená miešaná zelenina, rozmrazená

1 šálka karfiolu

1/2 šálky nakrájanej zelenej cibule

1/2 šálky olív plnených čili, nakrájané na plátky

1/4 šálky repkového oleja

3 polievkové lyžice. biely ocot

1/4 lyžičky. korenie

1 C. cesnaková soľ

Metóda

Zmiešajte mrazenú zeleninu, karfiol, cibuľu a olivy vo veľkej miske. V mixéri zmiešame olej, cesnakovú soľ, ocot a korenie. Zeleninovú zmes zalejeme omáčkou. Dobre premiešajte. Pred podávaním ochlaďte 2 hodiny. Podávajte v peknej miske.

Užite si to!

## *Dokonalá zmes paradajok, uhoriek a cibule*

Ingrediencie

2 veľké uhorky, rozpolené a zbavené semienok

1/3 šálky červeného vínneho octu

1 polievková lyžica. biely cukor

1 C. soľ

3 veľké nakrájané paradajky

2/3 šálky nahrubo nasekanej červenej cibule

Metóda

Všetky ingrediencie spolu zmiešame a dáme cez noc do chladničky.

Podávajte čerstvé.

Užite si to!

## *Klasický uhorkový šalát*

Ingrediencie

2 veľké uhorky, olúpané a nakrájané na plátky

1 veľká sladká cibuľa, nakrájaná na plátky

2 polievkové lyžice. soľ

¼ šálky strúhanej mrkvy

1/3 šálky octu

1 C. mletý zázvor

5 c. biely cukor

vs. hrubé čierne korenie

Metóda

Všetky ingrediencie spolu zmiešame a uhorku necháme cez noc marinovať v chladničke. Podávajte čerstvé.

Užite si to!

# Čerešňový paradajkový šalát

Ingrediencie

4 šálky cherry paradajok, rozpolené

¼ šálky rastlinného oleja

3 polievkové lyžice. jablčný ocot

1 C. sušené

1 C. sušená bazalka

1 C. sušené oregano

½ lyžičky. soľ

1 C. Biely cukor

Metóda

Všetky ingrediencie zmiešame v miske a necháme bokom, aby paradajky trochu zmäkli. Dobre premiešame a ihneď podávame.

Užite si to!

# Špargľový šalát

Ingrediencie

1 ½ libry špargle, orezané a nakrájané na 2-palcové kúsky

1 polievková lyžica. ryžový ocot

1 C. Červený vínny ocot

1 C. Sójová omáčka

1 C. Biely cukor

1 C. Dijonská horčica

2 polievkové lyžice. Arašidový olej

1 polievková lyžica. sezamový olej

1 polievková lyžica. sezamové semienka

Metóda

Ryžový ocot, sójovú omáčku, červený vínny ocot, cukor a horčicu dáme do nádoby s uzáverom a dobre premiešame. Pomaly pridajte arašidový olej a sezamový olej za stáleho miešania, až kým nebude hladký. Nechaj to bokom.

Špargľu uvaríme vo vriacej vode a scedíme. Vložte špargľu do veľkej misy.

Posypte ich vinaigrette. Posypeme sezamovými semienkami a premiešame.

Ihneď podávajte.

Užite si to!

## *Makaróny a hrášok Black Eyed v šaláte*

Ingrediencie

6 uncí malých uvarených a scedených cestovín

1 konzerva čiernookého hrášku, opláchnutá a scedená

1 šálka nakrájanej zelenej cibule

¾ šálky ošúpanej a na kocky nakrájanej uhorky

¾ šálky nakrájaných paradajok

¾ šálky zelenej papriky nakrájanej na kocky

1 malá papričká jalapeño, nasekaná nadrobno

Vlak:

3 polievkové lyžice. Repkový olej

¼ šálky červeného vínneho octu

1 C. sušená bazalka

1 C. Horúca omáčka

1 C. Chilli prášok

1 C. Cukor

½ lyžičky. koreniaca soľ

Metóda

V miske zmiešajte cestoviny, hrášok, zelenú cibuľku, uhorku, paradajku, zelenú papriku a papričku jalapeňo. Zmiešajte vinaigrette a pridajte soľ.

Zeleninovú zmes pokvapkáme omáčkou. Dobre premiešajte. Podávame vychladené.

Užite si to!

# Špenátový a repný šalát

Ingrediencie

½ libry baby špenátu, umytého a vysušeného

1 šálka vlašských orechov, nahrubo nasekaných

2½ lyžice. biely cukor

1/3 konzervy nakladanej cvikly

¼ šálky jablčného octu

½ lyžičky. cesnakový prášok

1 C. Pelety z kuracieho vývaru

4 unce kozieho syra, strúhaného

½ lyžičky. Čierne korenie

½ lyžičky. Soľ

¼ šálky rastlinného oleja

Metóda

Vlašské orechy skaramelizujte v hrnci tak, že ich zohrejete s trochou cukru na vysokej teplote. V kuchynskom robote zmiešajte repu s jablčným octom, cesnakovým práškom, bujónovými granulami, soľou, zvyšným cukrom a korením. Nalejte olej a znova premiešajte do hladka. Vlašské orechy obalené v cukre a špenát spojíme a pokvapkáme dresingom. Posypeme syrom a ihneď podávame.

Užite si to!

## *Zemiakový šalát s balzamikovým octom*

Ingrediencie

10 červených zemiakov, uvarených a nakrájaných na kocky

1 cibuľu nakrájanú nadrobno

1 konzerva artičokové srdiečka, na štvrtiny

½ šálky červenej papriky, praženej a nakrájanej na kocky

1 plechovka čiernych olív

½ šálky balzamikového octu

1 C. sušené oregano

1 C. sušená bazalka

½ lyžičky. Horčičný prášok

3 polievkové lyžice. Olivový olej

2 polievkové lyžice. čerstvá petržlenová vňať

Metóda

Zmiešajte všetky ingrediencie v miske a dobre premiešajte, aby sa všetky ingrediencie obalili octom. Vložte do chladničky na 2-4 hodiny. Podávajte čerstvé.

Užite si to!

# *Marinovaný paradajkový šalát*

Ingrediencie

3 paradajky

2 polievkové lyžice. nakrájanú cibuľu

1 polievková lyžica. Čerstvá bazalka

1 polievková lyžica. čerstvá petržlenová vňať

½ strúčika cesnaku

1/3 šálky olivového oleja

1/4 šálky červeného vínneho octu

1/4 lyžičky. korenie

Soľ podľa chuti

Metóda

Získajte peknú veľkú misku a položte na ňu paradajky. Vezmite nádobu s vekom a pridajte ocot, olivový olej, bazalku, petržlenovú vňať, mletý cesnak a korenie a dôkladne pretrepte, aby sa všetko dobre premiešalo. Zmes dochutíme štipkou soli alebo podľa chuti. Zmes nalejte na paradajky.

Poriadne prikryte a dajte do chladničky cez noc alebo aspoň na 4 hodiny.

Podávame vychladené.

Užite si to!

## *Lahodný brokolicový šalát*

Ingrediencie

1 ½ libry čerstvej brokolice, nakrájanej na ružičky

3 strúčiky cesnaku

2 polievkové lyžice. Citrónová šťava

2 polievkové lyžice. ryžový ocot

½ lyžičky. dijonská horčica

Vločky červenej papriky podľa chuti

1/3 šálky olivového oleja

Soľ a čerstvo mleté čierne korenie podľa chuti

Metóda

Do hrnca nalejte trochu vody a pridajte soľ. Priveďte do varu a pridajte kvety. Varte asi 5 minút a sceďte. Pridajte cesnak, ocot, citrónovú šťavu, horčicu, olej a vločky červenej papriky do malej misky a intenzívne šľahajte. Dochutíme soľou a korením. Nalejte na brokolicu a dobre premiešajte.

Uchovávajte pri izbovej teplote 10 minút, potom dajte na 1 hodinu do chladničky. Podávajte vychladené.

Užite si to!

## *Kukuričný šalát s talianskym dresingom*

Ingrediencie

1 plechovka celozrnnej kukurice

1 šálka čerstvých paradajok, nakrájaných nadrobno

1 šálka uhorky, olúpaná a nakrájaná

½ šálky nakrájaného zeleru

½ šálky sladkej zelenej alebo červenej papriky

2 zelené cibule

½ šálky talianskeho dresingu

Metóda

Vložte kukuricu do misy a pridajte zeleninu jednu po druhej. Dobre premiešajte. Nalejte do fliaš taliansky dresing a znova premiešajte. Prikryte a vložte do chladničky na niekoľko hodín. Podávajte čerstvé.

Užite si to!

# Špargľa a paprikový šalát

Ingrediencie

1½ čerstvej špargle, odrežte konce a nakrájajte na malé kúsky

2 žlté papriky zbavené semienok a nakrájané na plátky

¼ šálky strúhaných mandlí, opečených

1 červená cibuľa

3 polievkové lyžice. Dijonská horčica ¼ šálky olivového oleja ½ šálky parmezánu 3 strúčiky cesnaku, mletý

2 polievkové lyžice. Limetková šťava 2 lyžice. Cukor 1 polievková lyžica. horúca omáčka Zálievka na šalát mix podľa chuti

Metóda

Vezmite plech na pečenie a vložte špargľu a papriku do jednej vrstvy.

Zeleninu pokvapkáme olivovým olejom. Nastavte na 400 stupňov F alebo 200 stupňov C a predhrejte rúru. Vložte plech na pečenie a pečte 8-10 minút. Z času na čas zeleninu otočte. Ochlaďte a presuňte zeleninu do veľkej misy. Pridáme syr, cibuľu, opražené mandle. Vyšľaháme zvyšný olivový olej, horčičný prášok, cukor, horúcu omáčku, limetkovú šťavu a šalátový dresing. Posypeme zeleninou a premiešame. Ihneď podávajte.

Užite si to!

## *Paradajkový a bazalkový šalát*

Ingrediencie

3 šálky uvarenej ryže

1 uhorka, zbavená semienok a nakrájaná na kocky

1 červená cibuľa

2 paradajky

2 polievkové lyžice. Olivový olej

2 polievkové lyžice. Jablčný ocot

1 C. Čerstvá bazalka

vs. Pepper

½ lyžičky. Soľ

Metóda

Vezmite veľkú misku a vložte do nej ryžu, uhorku, cibuľu, paradajku a premiešajte. Zmiešajte olivový olej, jablčný ocot a bazalku v zakrytej nádobe a dôkladne premiešajte. Pridajte soľ a korenie podľa chuti. Prisypeme ryžovú zmes a dobre premiešame. Pred podávaním dajte na niekoľko hodín do chladničky.

Užite si to!

# *Farebný záhradný šalát*

Ingrediencie

5 polievkových lyžíc. Červený vínny ocot

3 polievkové lyžice. Hroznový olej

1/3 šálky nasekaného čerstvého koriandra

2 šťastie

1 C. Biely cukor 2 pretlačené strúčiky cesnaku

1 balenie mrazených lúpaných zelených sójových bôbov

1 plechovka čiernej fazule

3 šálky mrazených kukuričných zŕn

1 pol litra cherry paradajok nakrájaných na kolieska

4 nadrobno nakrájané zelené cibuľky

vs. Soľ

Metóda

V zakrytej nádobe alebo veľkej mise vyšľaháme ocot, olej, limetkovú šťavu, koriander, cesnak, cukor a soľ do hladka. Nechaj to bokom. Sójové bôby uvaríme do mäkka. Kukuricu varte 1 minútu. Sójové bôby a kukuricu sceďte z vody a preložte do veľkej misy. Pridajte omáčku. Jemne to vyhoďte. Do zmesi pridáme paradajky, cibuľu a premiešame. Zmes prikryte. Dajte na 2 až 4 hodiny do chladničky. Podávajte čerstvé.

Užite si to!

# *Hubový šalát*

Ingrediencie

1 libra čerstvých húb

1 cibuľa, nakrájaná nadrobno a rozdelená na kolieska

Jemne mletá sladká červená paprika, hrsť

2/3 šálky estragónového octu

½ šálky repkového oleja

1 polievková lyžica. Cukor

1 nasekaný strúčik cesnaku

Predstierajte feferónkové omáčky

1½ lyžičky. Soľ

2 polievkové lyžice. Voda

Metóda

Do veľkej misy pridajte všetku zeleninu a ostatné ingrediencie okrem červenej papriky, húb a cibule. Dobre ich premiešajte. Do zmesi pridajte huby a cibuľu a jemne premiešajte, kým sa všetky zložky rovnomerne nezmiešajú. Nádobu prikryte a dajte ju do chladničky cez noc alebo na 8 hodín. Pred podávaním šalát posypeme červenou paprikou.

Užite si to!

# Quinoa, mäta a paradajkový šalát

Ingrediencie

1 ¼ šálky quinoa 1/3 šálky hrozienok 2 paradajky 1 cibuľa nakrájaná nadrobno

10 Reďkovka ½ uhorky, 1/2, nakrájaná na kocky

2 polievkové lyžice. Ľahko opražené plátky mandlí

¼ šálky nasekanej čerstvej mäty

2 polievkové lyžice. Jemne nakrájanú čerstvú petržlenovú vňať

1 C. mletá rasca ¼ šálky limetkovej šťavy 2 polievkové lyžice. Sezamový olej 2 ½ šálky vody Soľ podľa chuti

Metóda

Vezmite hrniec a pridajte vodu a štipku soli. Prevaríme a pridáme quinou a hrozienka. Prikryjeme a dusíme 12 až 15 minút. Odstráňte z tepla a nechajte vychladnúť. Quinou scedíme a preložíme do misky. V strednej miske zmiešajte cibuľu, reďkovky, uhorky, mandle a paradajky. Jemne to vyhoďte.

Vmiešame quinou. Dochutíme koreninami, olejom a bylinkami. Podľa chuti dosolíme. Vložte do chladničky na 2 hodiny. Podávajte čerstvé.

Užite si to!

# *Recept na šalát z kyslej kapusty*

Ingrediencie

1 konzerva kyslej kapusty, dobre umytá a vysušená

1 šálka strúhanej mrkvy

1 šálka jemne nasekanej zelenej papriky

1 nádoba pimientos, nakrájaná na kocky a scedená

1 šálka nadrobno nakrájaného zeleru

1 šálka nadrobno nakrájanej cibule

¾ šálky cukru

½ šálky repkového oleja

Metóda

Zmiešajte všetky ingrediencie vo veľkej miske a dobre premiešajte. Misku prikryte pokrievkou a nechajte ju v chladničke cez noc alebo 8 hodín. Podávajte čerstvé.

Užite si to!

# *Rýchly uhorkový šalát*

Ingrediencie

4 paradajky, nakrájané na 8 klinov

2 veľké uhorky, dobre olúpané a nakrájané na tenké plátky

¼ šálky nasekaného čerstvého koriandra

1 veľká červená cibuľa, nakrájaná nadrobno

1 čerstvá limetka, vytlačená

Soľ podľa chuti

Metóda

Plátky uhorky, paradajky, červenú cibuľu a koriander vložte do veľkej misy a dobre premiešajte. Do zmesi pridajte limetkovú šťavu a jemne premiešajte, aby sa všetka zelenina obalila limetkovou šťavou. Zmes dochutíme soľou. Podávame ihneď alebo môžeme podávať vychladené.

Užite si to!

# Nakrájané paradajky so smotanovým vinaigrettom

Ingrediencie

1 šálka majonézy

½ šálky pol na pol smotany

6 paradajok, nakrájaných na plátky

1 červená cibuľa nakrájaná na tenké krúžky

vs. Sušená bazalka

Niekoľko listov šalátu

Metóda

Zmiešame pol na pol majonézu a smotanu a dobre prešľaháme. Pridajte polovicu bazalky. Zmes prikryte a dajte do chladničky. Vezmite tanier a položte ho listami šalátu. Poukladáme plátky paradajok a kolieska cibule. Šalát prelejeme vychladnutým dresingom. Potom posypte zvyškom bazalky. Ihneď podávajte.

Užite si to!

## *Tanier cviklového šalátu*

Ingrediencie

4 zväzky malej čerstvej repy so stopkami

2 hlavy belgickej endívie

2 polievkové lyžice. Olivový olej

1 libra miešaného jarného šalátu

1 polievková lyžica. Citrónová šťava

2 polievkové lyžice. biely vínny ocot

1 polievková lyžica. drahá

2 polievkové lyžice. dijonská horčica

1 C. sušený tymián

½ šálky rastlinného oleja

1 šálka rozdrobeného syra feta

Soľ a korenie podľa chuti

Metóda

Repu zľahka natrite rastlinným olejom. Pečte asi 45 minút v rúre predhriatej na 450 stupňov F alebo 230 stupňov C. Cviklu ošúpte a nakrájajte na malé kocky. Zmiešajte citrónovú šťavu, horčicu, med, ocot a tymian v mixéri a rozmixujte. Kým mixér beží, postupne pridávame olivový olej. Pridajte soľ a korenie podľa chuti. Do šalátovej misy dáme jarný šalát, dostatočné množstvo vinaigrette a dobre premiešame. Endívie poukladáme na tanier. Naskladajte zelený šalát. Navrch dáme kocky cvikly a syr feta.

Užite si to!

# Šalát s kuracím mäsom a špenátom

Ingrediencie

5 šálok uvareného a na kocky nakrájaného kuracieho mäsa

2 šálky zeleného hrozna, rozpolené

1 šálka snehového hrášku

2 šálky balené natrhaný špenát

2½ šálky na tenké plátky nakrájaného zeleru

7oz. varené špirálové cestoviny alebo lakťové cestoviny

1 téglik nakladaných artičokových srdiečok

½ uhorky

3 nakrájané zelené cibule s vrcholmi

Veľké špenátové listy, voliteľné

Plátky pomaranča, voliteľné

Vlak:

½ šálky repkového oleja

¼ šálky) cukru

2 polievkové lyžice. biely vínny ocot

1 C. Soľ

½ lyžičky. Sušená mletá cibuľa

1 C. Citrónová šťava

2 polievkové lyžice. Nasekaná čerstvá petržlenová vňať

Metóda

Skombinujte kuracie mäso, hrášok, špenát, hrozno, zeler, artičokové srdiečka, uhorku, zelenú cibuľku a uvarené cestoviny vo veľkej mise a premiešajte. Prikryte a dajte na niekoľko hodín do chladničky. V samostatnej miske zmiešajte zvyšok zvyšných ingrediencií a dajte do chladničky v uzavretej nádobe. Dresing pripravíme tesne pred podávaním šalátu zmiešaním všetkých ingrediencií a dobre prešľaháme. Zmiešajte ingrediencie a dobre premiešajte a ihneď podávajte.

Užite si to!

## Nemecký uhorkový šalát

Ingrediencie

2 veľké nemecké uhorky nakrájané na tenké plátky

½ nakrájanej cibule

1 C. Soľ

½ šálky kyslej smotany

2 polievkové lyžice. biely cukor

2 polievkové lyžice. biely ocot

1 C. Sušený kôpor

1 C. Sušená petržlenová vňať

1 C. Papriková metóda

Uhorky a cibuľové kolieska poukladajte do misky. Zeleninu osolíme a necháme aspoň 30 minút bokom. Po nakladaní vytlačíme z uhoriek prebytočnú šťavu. V miske zmiešame kyslú smotanu, ocot, kôpor, petržlenovú vňať a cukor v octe, kôpru a petržlenovej vňate. V tomto vinaigrette obaľte plátky uhorky a cibule. Dajte do chladničky cez noc alebo aspoň 8 hodín. Tesne pred podávaním posypte šalát paprikou.

Užite si to!

## Farebný citrusový šalát s jedinečným dresingom

Ingrediencie

1 plechovka ¼ šálky mandarínok Nadrobno nasekanej čerstvej petržlenovej vňate

Šalát, voliteľné

½ grapefruitu olúpaného a nakrájaného na polovicu

½ malej uhorky

1 malá nakrájaná paradajka

½ malej červenej cibule

½ lyžičky. hnedý cukor

3 polievkové lyžice. Francúzsky alebo taliansky vinaigrette

1 C. Citrónová šťava

1 štipka sušeného estragónu

1 C. sušená bazalka

vs. Pepper

Metóda

Po scedení šťavy vložte pomaranče do malej misky a odložte. Šťavu si rezervujte. Vezmite malú misku a pridajte petržlenovú vňať, bazalku, estragón, dresing, citrónovú šťavu, pomarančovú šťavu, hnedý cukor a korenie. Zmes vyšľaháme do hladka. Listy šalátu sú umiestnené na tanieri. Ovocie poukladajte po jednom. Ovocie polejeme vinaigrette a podávame.

Užite si to!

## *Zemiakový, mrkvový a cviklový šalát*

Ingrediencie

2 repy, uvarené a nakrájané na plátky

4 malé zemiaky, uvarené a nakrájané na kocky

2 malé mrkvy, uvarené a nakrájané na plátky

3 zelené cibule, nakrájané

3 malé kôprové uhorky, nakrájané na kocky

¼ šálky rastlinného oleja

2 polievkové lyžice. Šampanský ocot

Soľ podľa chuti

Metóda

Zmiešajte všetky ingrediencie a dobre premiešajte, aby sa chute prepojili.

Dajte na pár hodín do chladničky a podávajte vychladené.

Užite si to

# Špenátový a černicový šalát

Ingrediencie

3 šálky baby špenátu, umyté a odkvapkané

1 pinta čerstvých černíc

1 pinta cherry paradajok

1 nakrájaná zelená cibuľa

¼ šálky jemne nasekaných vlašských orechov

6 uncí rozdrobeného syra feta

½ šálky jedlých kvetov

Slaninová omáčka alebo balzamikový ocot podľa vlastného výberu

Metóda

Skombinujte baby špenát, černice, cherry paradajky, zelenú cibuľku, vlašské orechy a premiešajte. Pridajte syr a znova premiešajte. Tento šalát chutí výborne; s obväzom alebo bez neho. Ak chcete pridať omáčku, použite slaninovú omáčku podľa vlastného výberu alebo veľké množstvo balzamikového octu. Pred podávaním ozdobte akýmkoľvek jedlým kvetom, ktorý máte radi.

Užite si to!

# Zeleninový šalát so švajčiarskym syrom

Ingrediencie

1 šálka zelenej cibule, nakrájanej

1 šálka zeleru, nakrájaného

1 šálka zelenej papriky

1 šálka olív plnených čili

6 šálok nakrájaného šalátu

1/3 šálky rastlinného oleja

2 šálky strúhaného švajčiarskeho syra

2 polievkové lyžice. Červený vínny ocot

1 polievková lyžica. dijonská horčica

Soľ a korenie podľa chuti

Metóda

Zmiešajte olivy, cibuľu, zeler a zelenú papriku v šalátovej mise a dobre premiešajte. V malej miske zmiešajte olej, horčicu a ocot. Omáčku dochutíme soľou a korením. Zeleninu pokvapkáme omáčkou. Dajte do chladničky cez noc alebo niekoľko hodín. Pred podávaním obložíme tanier listami hlávkového šalátu. Syr zmiešame so zeleninou. Na vrch hlávkového šalátu položte šalát. Zakryte ho strúhaným syrom. Ihneď podávajte.

Užite si to!

## *Lahodný mrkvový šalát*

Ingrediencie

2 libry mrkvy, ošúpanej a na tenké plátky diagonálne

½ šálky strúhaných mandlí

1/3 šálky sušených brusníc

2 šálky rukoly

2 nasekané strúčiky cesnaku

1 balenie rozdrobeného dánskeho modrého syra

1 polievková lyžica. Jablčný ocot

¼ šálky extra panenského olivového oleja

1 C. Miláčik

1 až 2 štipky čerstvo mletého čierneho korenia

Soľ podľa chuti

Metóda

Zmiešajte mrkvu, cesnak a mandle v miske. Pridajte trochu olivového oleja a dobre premiešajte. Pridajte soľ a korenie podľa chuti. Zmes preložíme na plech a pečieme v predhriatej rúre 30 minút pri 400 °F alebo 200 °C.

Odstráňte, keď okraj zhnedne a nechajte vychladnúť. Mrkvovú zmes preložíme do misky. Pridajte med, ocot, brusnice a syr a dobre premiešajte. Polejeme rukolou a ihneď podávame.

Užite si to!

## Nakladaný zeleninový šalát

Ingrediencie

1 plechovka zeleného hrášku, scedená

1 plechovka zelenej fazuľky na francúzsky spôsob, scedená

1 konzerva biela kukurica alebo obrat, scedená

1 stredná cibuľa, jemne nakrájaná

¾ šálky jemne nasekaného zeleru

2 polievkové lyžice. Nakrájaná paprika

½ šálky bieleho vínneho octu

½ šálky rastlinného oleja

¾ šálky cukru

½ lyžičky. Paprika ½ lyžičky. Soľ

Metóda

Vezmite veľkú misku a zmiešajte hrášok, kukuricu a fazuľu. Pridajte zeler, cibuľu a papriku a dobre premiešajte. Vezmite panvicu. Pridáme všetky ostatné suroviny a dusíme. Neustále miešame, kým sa cukor nerozpustí.

Omáčku zalejeme zeleninovou zmesou. Misku prikryte pokrievkou a nechajte cez noc v chladničke. Môžete skladovať v chladničke niekoľko dní.

Podávajte čerstvé.

Užite si to!

## *Pečený farebný kukuričný šalát*

Ingrediencie

8 Čerstvá kukurica v strukoch 1 Červená paprika nakrájaná na kocky

1 zelená paprika, nakrájaná na kocky

1 červená cibuľa, nakrájaná

1 šálka nasekaného čerstvého koriandra

½ šálky olivového oleja

Rozdrvte 4 strúčiky cesnaku a potom nasekajte

3 šťastie

1 C. Biely cukor

Soľ a korenie podľa chuti

1 polievková lyžica. pikantná omáčka

Metóda

Vezmite veľkú panvicu a vložte do nej kukuricu. Zlejte vodu a namočte kukuricu na 15 minút. Odstráňte hodváb z kukuričných šupiek a odložte. Vezmite si gril a rozohrejte ho na maximum. Položte kukuricu na gril a varte 20 minút. Z času na čas ich otočte. Necháme vychladnúť a šupky vyhodíme. Vezmite mixér a nalejte olivový olej, limetkovú šťavu, horúcu omáčku a rozmixujte. Pridajte koriander, cesnak, cukor, soľ a korenie. Miešajte, aby ste vytvorili hladkú zmes. Posypeme kukuricou. Ihneď podávajte.

Užite si to!

# *Krémová uhorka*

Ingrediencie

3 uhorky, olúpané a nakrájané na tenké plátky

1 cibuľa, nakrájaná na plátky

2 šálky vody

¾ šálky hustej smotany na šľahanie

¼ šálky jablčného octu

Nasekaná čerstvá petržlenová vňať, voliteľné

¼ šálky) cukru

½ lyžičky. Soľ

Metóda

K uhorkám a cibuli pridajte vodu a soľ, namočte aspoň 1 hodinu. Vypustite prebytočnú vodu. Smotanu a ocot vymiešame v miske do hladka. Pridajte nakladané uhorky a cibuľu. Dobre premiešajte, aby sa obalil rovnomerne. Odložíme na pár hodín do chladničky. Pred podávaním posypte petržlenovou vňaťou.

Užite si to!

# Šalát z nakladaných húb a paradajok

Ingrediencie

12 uncí cherry paradajok, na polovicu

1 balíček čerstvých húb

2 nakrájané zelené cibule

¼ šálky balzamikového octu

1/3 šálky rastlinného oleja

1½ lyžičky. biely cukor

½ lyžičky. Mleté čierne korenie

½ lyžičky. Soľ

½ šálky nasekanej čerstvej bazalky

Metóda

V miske vyšľaháme balzamikový ocot, olej, korenie, soľ a cukor do hladka.

Vezmite ďalšiu veľkú misku a zmiešajte paradajky, cibuľu, šampiňóny a bazalku. Dobre premiešajte. Pridajte omáčku a rovnomerne obalte zeleninu.

Misku prikryte a dajte na 3 až 5 hodín do chladničky. Podávajte čerstvé.

Užite si to!

# Fazuľový šalát

Ingrediencie

1 plechovka červenej fazule, umytá a odkvapkaná

1 konzerva cíceru alebo fazule garbanzo, umytá a odkvapkaná

1 plechovka zelenej fazuľky

1 plechovka voskových fazúľ, scedená

¼ šálky julienne zeleného korenia

8 zelených cibúľ, nakrájaných na plátky

½ šálky jablčného octu

¼ šálky repkového oleja

¾ šálky cukru

½ lyžičky. Soľ

Metóda

Fazuľu spolu zmiešame vo veľkej mise. Pridajte zelenú papriku a cibuľu k fazuli. V zakrytej nádobe vyšľahajte muštový ocot, cukor, olej a soľ, aby ste vytvorili hladký vinaigrette. V omáčke necháme cukor úplne rozpustiť. Nalejte na fazuľovú zmes a dobre premiešajte. Zmes prikryte a dajte cez noc do chladničky.

Užite si to!

# *Cesnakový repný šalát*

Ingrediencie

6 uvarenej repy, ošúpanej a nakrájanej

3 polievkové lyžice. Olivový olej

2 polievkové lyžice. Červený vínny ocot

2 strúčiky cesnaku

Soľ podľa chuti

Plátky zelenej cibule, niektoré na ozdobu

Metóda

Zmiešajte všetky ingrediencie v miske a dobre premiešajte. Ihneď podávajte.

Užite si to!

## *Nakladaná kukurica*

Ingrediencie

1 šálka mrazenej kukurice

2 zelené cibule, nakrájané na tenké plátky

1 polievková lyžica. Nasekaná zelená paprika

1 list šalátu, voliteľné

¼ šálky majonézy

2 polievkové lyžice. Citrónová šťava

vs. Mletá horčica

vs. Cukor

1 až 2 štipky čerstvo mletého korenia

Metóda

Vo veľkej mise zmiešame majonézu s citrónovou šťavou, horčičným práškom a cukrom. Dobre vyšľahajte do hladka. Do majonézy pridajte kukuricu, zelenú papriku, cibuľu. Zmes dochutíme soľou a korením. Prikryte a dajte do chladničky cez noc alebo aspoň 4-5 hodín. Pred podávaním obložíme tanier šalátovými listami a položíme naň šalát.

Užite si to!

# Hráškový šalát

Ingrediencie

8 plátkov slaniny

1 balenie mrazeného hrášku, rozmrazeného a scedeného

½ šálky nakrájaného zeleru

½ šálky nakrájanej zelenej cibule

2/3 šálky kyslej smotany

1 šálka nasekaných kešu orieškov

Soľ a korenie podľa chuti

Metóda

Vložte slaninu do veľkého hrnca a varte na strednom až stredne vysokom ohni, kým z oboch strán nezhnedne. Prebytočný olej scedíme papierovou utierkou a slaninu rozdrobíme. Nechaj to bokom. Zmiešajte zeler, hrášok, zelenú cibuľu a kyslú smotanu v strednej miske. Dobre premiešajte jemnou rukou. Kešu a slaninu pridajte do šalátu tesne pred podávaním. Ihneď podávajte.

Užite si to!

## *repový šalát*

Ingrediencie

¼ šálky sladkej červenej papriky, nakrájanej

4 šálky strúhanej ošúpanej repy

¼ šálky zelenej cibule

¼ šálky majonézy

1 polievková lyžica. Ocot

2 polievkové lyžice. Cukor

vs. Pepper

vs. Soľ

Metóda

Vezmite misku. Skombinujte červenú papriku, cibuľu a premiešajte. Vezmite ďalšiu misku na prípravu omáčky. Majonézu, ocot, cukor, soľ a korenie zmiešame a dobre prešľaháme. Zmes nalejte na zeleninu a dobre premiešajte. Naberieme repu do misky, túto zmes pridáme k repe a dobre premiešame. Zeleninu dajte do chladničky cez noc alebo niekoľko hodín. Viac marinády dodá viac chuti. Podávajte čerstvé.

Užite si to!

## Jablkový a avokádový šalát

Ingrediencie

1 zväzok mladých výhonkov

¼ šálky červenej cibule, nakrájanej

½ šálky nasekaných vlašských orechov

1/3 šálky rozdrobeného modrého syra

2 polievkové lyžice. Citrónová kôra

1 jablko, ošúpané, zbavené jadrovníkov a nakrájané na plátky

1 avokádo, olúpané, odkôstkované a nakrájané na kocky

4 vytlačené mandarínky

½ citróna, vytlačený

1 nasekaný strúčik cesnaku

2 polievkové lyžice. Olivový olej Soľ podľa chuti

Metóda

V miske skombinujte klíčky, vlašské orechy, červenú cibuľu, nivu a citrónovú kôru. Zmes dobre premiešame. Intenzívne vyšľahajte mandarínkovú šťavu, citrónovú kôru, citrónovú šťavu, mletý cesnak, olivový olej. Zmes dochutíme soľou. Nalejte na šalát a premiešajte. Pridajte jablko a avokádo do misky a premiešajte tesne pred podávaním šalátu.

Užite si to!

## Kukuričný šalát, fazuľa, cibuľa

Ingrediencie

1 plechovka celozrnnej kukurice, umytá a odkvapkaná

1 konzerva umytého a scedeného hrášku

1 plechovka zelenej fazuľky, scedená

1 nádoba Pimientos, scedená

1 šálka nadrobno nakrájaného zeleru

1 cibuľu nakrájanú nadrobno

1 zelená paprika, nasekaná nadrobno

1 šálka cukru

½ šálky jablčného octu

½ šálky repkového oleja

1 C. Soľ

½ lyžičky. Pepper

Metóda

Vezmite veľkú šalátovú misu a zmiešajte cibuľu, zelenú papriku a zeler. Nechaj to bokom. Vezmite hrniec a nalejte ocot, olej, cukor, soľ a korenie a priveďte do varu. Odstráňte z tepla a nechajte zmes vychladnúť. Nalejte na zeleninu a dobre premiešajte, aby sa zelenina rovnomerne obalila. Dajte do chladničky na niekoľko hodín alebo cez noc. Podávame vychladené.

Užite si to!

## *Taliansky zeleninový šalát*

Ingrediencie

1 konzerva artičokových sŕdc, scedená a rozštvrtená

5 šálok rímskeho šalátu, opláchnutý, vysušený a nasekaný

1 červená paprika, nakrájaná na prúžky

1 mrkva 1 červená cibuľa, nakrájaná na tenké plátky

¼ šálky čiernych olív

¼ šálky zelených olív

½ uhorky

2 polievkové lyžice. Strúhaný syr Romano

1 C. Nasekaný čerstvý tymian

½ šálky repkového oleja

1/3 šálky estragónového octu

1 polievková lyžica. biely cukor

½ lyžičky. Suchá horčica

2 nasekané strúčiky cesnaku

Metóda

Vezmite strednú nádobu so vzduchotesným vekom. Nalejte repkový olej, ocot, suchú horčicu, cukor, tymian a cesnak. Misku prikryte a intenzívne šľahajte, aby vznikla hladká zmes. Zmes preložíme do misky a vložíme do nej artičokové srdiečka. Ochlaďte a marinujte cez noc. Vezmite veľkú misku a zmiešajte šalát, mrkvu, červenú papriku, červenú cibuľu, olivy, uhorku a syr. Jemne premiešame. Pridajte soľ a korenie podľa chuti. Zmiešajte s artičokmi. Nechajte marinovať štyri hodiny. Podávajte čerstvé.

Užite si to!

## Cestovinový šalát z morských plodov

Ingrediencie

1 balíček trojfarebných cestovín

3 stonky zeleru

1 libra imitácia krabieho mäsa

1 šálka mrazeného zeleného hrášku

1 šálka majonézy

½ lyžice. biely cukor

2 polievkové lyžice. biely ocot

3 polievkové lyžice. mlieko

1 C. soľ

vs. Mleté čierne korenie

Metóda

Uvarte veľký hrniec osolenej vody, pridajte cestoviny a varte 10 minút. Keď sa cestoviny varia, pridajte zelený hrášok a krabie mäso. Vo veľkej mise zmiešame zvyšok spomínaných surovín a na chvíľu odstavíme. Skombinujte hrášok, krabie mäso a cestoviny. Ihneď podávajte.

Užite si to!

## *Grilovaný zeleninový šalát*

Ingrediencie

1 libra čerstvej špargle, orezaná

2 cukety, rozpolené pozdĺžne a konce orezané

2 žlté cukety

1 veľká červená cibuľa, nakrájaná na plátky

2 červené papriky, rozpolené a zbavené semienok.

½ šálky extra panenského olivového oleja

¼ šálky červeného vínneho octu

1 polievková lyžica. dijonská horčica

1 nasekaný strúčik cesnaku

Soľ a mleté čierne korenie podľa chuti

Metóda

Zeleninu zohrejte a grilujte 15 minút, potom zeleninu vyberte z grilu a nakrájajte na malé kúsky. Pridajte ostatné ingrediencie a premiešajte šalát tak, aby sa všetky koreniny dobre premiešali. Ihneď podávajte.

Užite si to!

## *Lahodný letný kukuričný šalát*

Ingrediencie

6 kukuričných klasov, vylúpaných a úplne očistených

3 veľké nakrájané paradajky

1 veľká nakrájaná cibuľa

¼ šálky nasekanej čerstvej bazalky

¼ šálky olivového oleja

2 polievkové lyžice. biely ocot

Soľ a korenie

Metóda

Vezmite veľký hrniec, nalejte vodu a soľ a priveďte do varu. V tejto vriacej vode uvarte kukuricu a potom pridajte všetky uvedené ingrediencie. Zmes sa dobre premieša a ochladí. Podávajte čerstvé.

Užite si to!!

## Chrumkavý hráškový šalát s karamelom

Ingrediencie

8 plátkov slaniny

1 balenie lyofilizovaného zeleného hrášku

½ šálky nakrájaného zeleru

½ šálky nakrájanej zelenej cibule

2/3 šálky kyslej smotany

1 šálka nasekaných kešu orieškov

Soľ a korenie podľa vášho vkusu

Metóda

Na panvici na strednom ohni opečte slaninu do hneda. Ostatné ingrediencie okrem kešu zmiešame v miske. Nakoniec do zmesi pridáme slaninu a kešu. Dobre premiešame a ihneď podávame.

Užite si to!

## Čarovný šalát z čiernej fazule

Ingrediencie

1 plechovka čiernej fazule, opláchnutá a scedená

2 plechovky sušených kukuričných zŕn

8 nakrájaných zelených cibuliek

2 papričky jalapeňos zbavené semienok a mleté

1 nakrájanú zelenú papriku

1 avokádo, olúpané, odkôstkované a nakrájané na kocky.

1 pohár papriky

3 paradajky zbavené semienok a nakrájané

1 šálka nasekaného čerstvého koriandra

Šťava z 1 limetky

½ šálky talianskeho dresingu

½ lyžičky. cesnaková soľ

Metóda

Vezmite veľkú misku a vložte do nej všetky ingrediencie. Dobre premiešame, aby sa dobre spojilo. Ihneď podávajte.

Užite si to!

## *Lahodný grécky šalát*

Ingrediencie

3 veľké zrelé paradajky, nakrájané

2 olúpané a nakrájané uhorky

1 malá červená cibuľa nakrájaná na plátky

¼ šálky olivového oleja

4 polievkové lyžice. citrónová šťava

½ lyžičky. sušené oregano

Soľ a korenie podľa chuti

1 šálka rozdrobeného syra feta

6 gréckych čiernych olív bez kôstok a nakrájaných na plátky

Metóda

Vezmite stredne veľkú misku a dobre premiešajte paradajky, uhorku a cibuľu a nechajte túto zmes päť minút. Zmes pokvapkáme olejom, citrónovou šťavou, oreganom, soľou, korením, feta syrom a olivami. Premiešame a ihneď podávame.

Užite si to!!

# Úžasný thajský uhorkový šalát

Ingrediencie

3 veľké olúpané uhorky, nakrájané na ¼ palcové plátky a semená

1 polievková lyžica. soľ

½ šálky bieleho cukru

½ šálky ryžového vínneho octu

2 papričky jalapeňos, nakrájané

¼ šálky nasekaného koriandra

½ šálky nasekaných arašidov

Metóda

Zmiešajte všetky ingrediencie vo veľkej mise a dobre premiešajte. Podľa chuti osolíme a podávame vychladené.

Užite si to!

## Bazalkový paradajkový šalát bohatý na bielkoviny

Ingrediencie

4 veľké zrelé paradajky, nakrájané na plátky

1 libra čerstvého syra mozzarella, nakrájaného na plátky

1/3 šálky čerstvej bazalky

3 polievkové lyžice. Nerafinovaný olivový olej

Jemná morská soľ

Čerstvé mleté čierne korenie

Metóda

Na tanieri striedajte a prikryte plátky paradajok a mozzarelly. Nakoniec pridajte olivový olej, jemnú morskú soľ a korenie. Podávame vychladené, ozdobené lístkami bazalky.

Užite si to!

## *Rýchly uhorkový avokádový šalát*

Ingrediencie

2 stredné uhorky, nakrájané na kocky

2 kocky avokáda

4 polievkové lyžice. nasekaný čerstvý koriandr

1 nasekaný strúčik cesnaku

2 polievkové lyžice. nakrájanú zelenú cibuľku

vs. soľ

Čierne korenie

¼ veľkého citróna

1 limetka

Metóda

Vezmite uhorky, avokádo a koriandr a dobre premiešajte. Nakoniec pridáme korenie, citrón, limetku, cibuľu a cesnak. Dobre premiešajte. Ihneď podávajte.

Užite si to!

## *Orzo a lahodný paradajkový šalát so syrom feta*

Ingrediencie

1 šálka nevarených cestovín orzo

¼ šálky zelených olív bez kôstok

1 šálka na kocky nakrájaného syra feta

3 polievkové lyžice. Nasekaný čerstvý Presley

1 nakrájaná zrelá paradajka

¼ šálky extra panenského olivového oleja

¼ šálky citrónovej šťavy

Soľ a korenie

Metóda

Orzo uvarte podľa pokynov výrobcu. Vezmite misku a veľmi dobre premiešajte orzo, olivy, petržlenovú vňať, kôpor a paradajky. Na záver pridáme soľ, korenie a navrch natrieme fetu. Ihneď podávajte.

Užite si to!

## *Uhorkový a paradajkový šalát*

Ingrediencie

8 Rómskych alebo slivkových paradajok

1 anglická uhorka, ošúpaná a nakrájaná na kocky

1 šálka jicamy, olúpaná a jemne nakrájaná

1 malá žltá paprika

½ šálky červenej cibule, nakrájanej na kocky

3 polievkové lyžice. Citrónová šťava

3 polievkové lyžice. Nerafinovaný olivový olej

1 polievková lyžica. Sušená petržlenová vňať

1-2 štipky korenia

Metóda

Zmiešajte paradajky, papriku, uhorku, jicamu a červenú cibuľu v miske. Dobre premiešajte. Zalejeme olivovým olejom, citrónovou šťavou a zmes prikryjeme. Posypeme petržlenovou vňaťou a premiešame. Dochutíme soľou a korením. Podávajte ihneď alebo vychladené.

Užite si to!

## *Babičkin baklažánový šalát*

Ingrediencie

1 baklažán

4 paradajky, nakrájané na kocky

3 vajcia, uvarené natvrdo, nakrájané na kocky

1 cibuľu nakrájanú nadrobno

½ šálky francúzskeho dresingu

½ lyžičky. Pepper

Soľ, korenie, voliteľné

*Metóda*

Baklažán umyjeme a prekrojíme pozdĺžne na polovicu. Vezmeme zapekaciu misu a vymastíme ju olivovým olejom. Baklažány poukladáme reznou stranou nadol do maslom vymastenej zapekacej misy. Pečte 30-40 minút pri 350 stupňoch F. Odstráňte a nechajte vychladnúť. Baklažán ošúpeme.

Nakrájajte ich na malé kocky. Vezmite veľkú misku a vložte do nej baklažány.

Pridajte cibuľu, paradajky, vajcia, omáčku, korenie a soľ. Dobre premiešajte.

Dáme zamraziť aspoň na 1 hodinu do chladničky a podávame.

Užite si to!

# Šalát z mrkvy, slaniny a brokolice

Ingrediencie

2 hlavy čerstvej brokolice, nasekané

½ libry slaniny

1 zväzok zelenej cibule, nakrájanej

½ šálky strúhanej mrkvy

½ šálky hrozienok, voliteľné

1 šálka majonézy

½ šálky destilovaného bieleho octu

1-2 štipky korenia

Soľ podľa chuti

Metóda

Slaninu opečte vo veľkej, hlbokej panvici na stredne vysokej teplote, kým nezhnedne. Scedíme a rozmrvíme. Zmiešajte brokolicu, zelenú cibuľku, mrkvu a slaninu vo veľkej miske. Pridajte soľ a korenie. Dobre premiešajte. Vezmite malú misku alebo misku a vložte majonézu a ocot a utrite. Omáčku zalejeme zeleninovou zmesou. Jemnou rukou zakryte zeleninu. Dáme do chladničky aspoň na 1 hodinu a podávame.

Užite si to!

## Uhorkový a paradajkový šalát s kyslou smotanou

Ingrediencie

3-4 uhorky, olúpané a nakrájané

2 listy šalátu, na ozdobu, voliteľné

5-7 plátkov paradajok,

1 cibuľu nakrájanú nadrobno na kolieska

1 polievková lyžica. Nasekaná pažítka

½ šálky kyslej smotany

2 polievkové lyžice. biely ocot

½ lyžičky. Semená kôpru

vs. Pepper

štipka cukru

1 C. Soľ

Metóda

Plátky uhorky dáme do misky a posypeme soľou. Nechajte 3-4 hodiny marinovať v chladničke. Odstráňte uhorku a umyte ju. Vypustite všetku tekutinu a preneste do veľkej šalátovej misy. Pridajte cibuľu a odložte.

Vezmite malú misku a zmiešajte v nej ocot, kyslú smotanu, pažítku, kôprové semienka, korenie a cukor. Zmes vyšľaháme a nalejeme na uhorkovú zmes. Jemne premiešame. Na tanieri pekne poukladajte listový šalát a paradajku. Ihneď podávajte.

Užite si to!

## Paradajkový šalát z tortellini

Ingrediencie

1 libra dúhových cestovín tortellini

3 slivkové paradajky, nakrájané na polovicu

3 unce tvrdej salámy, nakrájanej na kocky

2/3 šálky nasekaného zeleru

¼ šálky nakrájaných čiernych olív

½ šálky červenej papriky

1 polievková lyžica. Červená cibuľa, nakrájaná na kocky

1 polievková lyžica. rajčinová pasta

1 nasekaný strúčik cesnaku

3 polievkové lyžice. Červený vínny ocot

3 polievkové lyžice. Balzamovač

2 polievkové lyžice. dijonská horčica

1 C. Miláčik

1/3 šálky olivového oleja

1/3 šálky rastlinného oleja

¾ šálky strúhaného syra provolone

¼ šálky nasekanej čerstvej petržlenovej vňate

1 C. Nasekaný čerstvý rozmarín

1 polievková lyžica. Citrónová šťava

Korenie a soľ podľa chuti

Metóda

Cestoviny uvaríme podľa návodu na obale. Zalejeme studenou vodou a scedíme. Nechaj to bokom. Pomocou brojlera opekajte paradajky, kým šupka čiastočne nesčernie. Teraz vložte paradajku do mixéra. Pridajte paradajkový pretlak, ocot, cesnak, med a horčicu a znova premiešajte. Postupne pridávame olivový olej a rastlinný olej a miešame do hladka. Pridajte soľ a korenie. V miske zmiešame cestoviny so všetkou zeleninou, bylinkami, salámou a citrónovou šťavou. Nalejte vinaigrette a dobre premiešajte. Slúžiť.

Užite si to!

## Brokolica a slanina v majonézovom vinaigrette

Ingrediencie

1 zväzok brokolice, nakrájanej na ružičky

½ malej červenej cibule, nakrájanej nadrobno

1 šálka strúhaného syra mozzarella

8 plátkov slaniny, uvarených a rozdrobených

½ šálky majonézy

1 polievková lyžica. biely vínny ocot

¼ šálky) cukru

Metóda

Vložte brokolicu, uvarenú slaninu, cibuľu a syr do veľkej misy. Miešajte jemnou rukou. Prikryjeme a odložíme bokom. Zmiešajte majonézu, ocot a cukor v malej miske. Nepretržite šľahajte, kým sa cukor neroztopí a nevytvorí homogénnu hmotu. Zálievkou prelejeme brokolicovú zmes a rovnomerne natrieme. Ihneď podávajte.

Užite si to!

## *Kurací šalát s uhorkovým krémom*

Ingrediencie

2 konzervy kúskov kuracieho mäsa, zbavené šťavy

1 šálka zeleného hrozna bez jadierok, rozpolená

½ šálky nasekaných pekanových orechov alebo mandlí

½ šálky nakrájaného zeleru

1 plechovka mandarínok, scedená

¾ šálky krémového uhorkového vinaigrette

Metóda

Vezmite veľkú hlbokú šalátovú misu. Preneste kuracie mäso, zeler, hrozno, pomaranče a pekanové orechy alebo mandle podľa potreby. Jemne premiešame. Pridajte uhorkový vinaigrette. Zmes kuracieho mäsa a zeleniny rovnomerne premiešame so smotanovou omáčkou. Ihneď podávajte.

Užite si to!

# Zelenina s chrenom vinaigrette

Ingrediencie

¾ šálky ružičiek karfiolu

miska uhoriek

¼ šálky nakrájaných paradajok so semienkami

2 polievkové lyžice. Nakrájané reďkovky

1 polievková lyžica. Nakrájanú zelenú cibuľu

2 polievkové lyžice. Zeler nakrájaný na kocky

¼ šálky amerického syra nakrájaného na kocky

Vlak:

2 polievkové lyžice. Majonéza

1-2 lyžice. Cukor

1 polievková lyžica. pripravený chren

1/8 ČL papriky

vs. Soľ

Metóda

Zmiešajte karfiol, uhorku, paradajku, zeler, reďkovku, zelenú cibuľku a syr vo veľkej mise. Nechaj to bokom. Vezmite malú misku. Majonézu, cukor, chren miešame, kým sa cukor neroztopí a nevytvorí homogénnu zmes. Omáčku nalejte na zeleninu a dobre premiešajte. Vložte do chladničky na 1-2 hodiny. Podávajte čerstvé.

Užite si to!

# Sladký hrášok a cestovinový šalát

Ingrediencie

1 šálka cestovín

2 šálky mrazeného zeleného hrášku

3 vajcia

3 zelené cibule, nakrájané

2 stonky zeleru, nakrájané

¼ šálky rančového dresingu

1 C. Biely cukor

2 polievkové lyžice. biely vínny ocot

2 sladké uhorky

1 šálka strúhaného syra čedar

¼ čerstvo mletého čierneho korenia

Metóda

Vo vriacej vode uvaríme cestoviny. Pridajte do nej štipku soli. Keď skončíte, opláchnite studenou vodou a sceďte. Vezmite panvicu a naplňte ju studenou vodou. Pridajte vajcia a varte. Odstráňte z tepla a prikryte. Vajíčka necháme 10-15 minút odležať vo vlažnej vode. Vajcia vyberieme z vlažnej vody a necháme vychladnúť. Šupku ošúpeme a nasekáme. Vezmite malú misku a zmiešajte dresing, ocot a cukor. Dobre prešľaháme a pridáme soľ a čerstvo mleté čierne korenie. Skombinujte cestoviny, vajcia, zeleninu a syr. Nalejte omáčku a premiešajte. Podávajte čerstvé.

Užite si to!

## *Farebný paprikový šalát*

Ingrediencie

1 zelená paprika, strúhaná

1 sladká žltá paprika julienned

1 sladká červená paprika, strúhaná

1 fialová paprika, strúhaná

1 červená cibuľa, strúhaná

1/3 šálky octu

¼ šálky repkového oleja

1 polievková lyžica. Cukor

1 polievková lyžica. Nasekaná čerstvá bazalka

vs. Soľ

Štipka papriky

Metóda

Vezmite veľkú misku a zmiešajte všetky papriky a dobre premiešajte.

Pridajte cibuľu a znova premiešajte. Vezmite ďalšiu misku a zmiešajte zvyšné ingrediencie a zmes intenzívne premiešajte. Zmes papriky a cibule zalejeme omáčkou. Poriadne premiešame, aby sa zelenina obalila. Zmes prikryte a dajte cez noc do chladničky. Podávajte čerstvé.

Užite si to!

# Kurací šalát, sušené paradajky a píniové oriešky so syrom

Ingrediencie

1 bochník talianskeho chleba nakrájaný na kocky

8 grilovaných kuracích prúžkov

½ šálky píniových orieškov

1 šálka sušených paradajok

4 zelené cibule, nakrájané na 1/2-palcové kúsky

2 vrecká miešaného zeleného šalátu

3 polievkové lyžice. Nerafinovaný olivový olej

½ lyžičky. Soľ

½ lyžičky. čerstvo mleté čierne korenie

1 C. cesnakový prášok

8 uncí syra feta, rozdrveného

1 šálka balzamikového vinaigrette

Metóda

Zmiešajte taliansky chlieb a olivový olej. Dochutíme soľou, cesnakovým práškom a soľou. Lyžicou naneste zmes do vymastenej zapekacej misky s rozmermi 9 x 13 palcov v jednej vrstve. Položte ho na rozohriaty gril a grilujte, kým nezhnedne a nezuhoľnie. Vyberte ho a nechajte vychladnúť. Rozložte píniové oriešky na plech na pečenie a položte ich na spodnú mriežku brojlerovej rúry a dôkladne opečte. Do malej misky nalejte horúcu vodu a sušené paradajky namočte do mäkka. Paradajky nakrájame na plátky. Skombinujte všetku zelenú zeleninu v miske na šalát; pridajte paradajky, píniové oriešky, krutóny, grilované kura, omáčku a syr. Dobre premiešajte. Slúžiť.

Užite si to!

## Mozzarella a paradajkový šalát

Ingrediencie

¼ šálky červeného vínneho octu

1 nasekaný strúčik cesnaku

2/3 šálky olivového oleja

1 pint cherry paradajok, rozpolených

1 ½ šálky na kocky nakrájaného nízkotučného syra mozzarella

¼ šálky nakrájanej cibule

3 polievkové lyžice. Nasekaná čerstvá bazalka

Paprika podľa chuti

½ lyžičky. Soľ

Metóda

Vezmite malú misku. Pridajte ocot, mletý cesnak, soľ a korenie a miešajte, kým sa soľ nerozpustí. Pridajte olej a šľahajte zmes do hladka. Do veľkej misy pridajte paradajky, syr, cibuľu, bazalku a jemnou rukou premiešajte. Pridajte omáčku a dobre premiešajte. Misku prikryte a dajte na 1 až 2 hodiny do chladničky. Občas premiešame. Podávajte čerstvé.

Užite si to!

# Pikantný cuketový šalát

Ingrediencie

1 ½ lyžice. sezamové semienka

¼ šálky kuracieho vývaru

3 polievkové lyžice. miso pasta

2 polievkové lyžice. Sójová omáčka

1 polievková lyžica. ryžový ocot

1 polievková lyžica. Limetkový džús

½ lyžičky. Thajská čili omáčka

2 polievkové lyžice. hnedý cukor

½ šálky nakrájanej zelenej cibule

¼ šálky nasekaného koriandra

6 cukiet, julien

2 pláty Nori, nakrájané na tenké plátky

2 polievkové lyžice. Mandľové lupienky

Metóda

Vložte sezamové semienka do hrnca a umiestnite na stredné teplo. Varte 5 minút. Priebežne miešajte. Ľahko ho ugrilujte. Skombinujte kurací vývar, sójovú omáčku, miso pastu, ryžový ocot, limetkovú šťavu, hnedý cukor, chilli omáčku, cibuľku a koriandrovú vňať v miske a spolu rozšľahajte. Do veľkej šalátovej misy premiešajte cuketu a dresing, aby sa rovnomerne obalili. Cuketu ozdobte opečenými sezamovými semienkami, mandľami a nori. Ihneď podávajte.

Užite si to!

# *Paradajkový a špargľový šalát*

Ingrediencie

1 libra čerstvej špargle, nakrájaná na 1-palcové kúsky

4 paradajky, nakrájané na štvrtiny

3 šálky čerstvých húb, nakrájaných na plátky

1 zelená paprika, strúhaná

¼ šálky rastlinného oleja

2 polievkové lyžice. Jablčný ocot

1 nasekaný strúčik cesnaku

1 C. sušený estragón

vs. Pikantná omáčka

vs. Soľ

vs. Pepper

Metóda

Do hrnca naberte malé množstvo vody a varte v nej špargľu, kým nie sú chrumkavé a mäkké, asi 4 až 5 minút. Scedíme a odložíme bokom. Vo veľkej šalátovej mise premiešajte huby s paradajkami a zelenou paprikou. V inej miske zmiešame zvyšné ingrediencie. Omáčku zalejeme zeleninovou zmesou. Dobre premiešame, prikryjeme a dáme do chladničky na 2 až 3 hodiny. Slúžiť.

Užite si to!

# Uhorkový šalát s mätou, cibuľou a paradajkami

Ingrediencie

2 uhorky, pozdĺžne rozpolené, zbavené semienok a nakrájané na plátky

2/3 šálky nahrubo nasekanej červenej cibule

3 paradajky zbavené semienok a nakrájané nahrubo

½ šálky nasekaných lístkov čerstvej mäty

1/3 šálky červeného vínneho octu

1 polievková lyžica. granulované sladidlo bez kalórií

1 C. Soľ

3 polievkové lyžice. Olivový olej

Štipka papriky

Soľ podľa chuti

Metóda

Zmiešajte uhorky, granulované sladidlo, ocot a soľ vo veľkej miske. Nechajte vsiaknuť. Mal by sa nechať pri izbovej teplote aspoň 1 hodinu marinovať. Z času na čas zmes premiešajte. Vložte do nej paradajky, cibuľu, nasekanú čerstvú mätu. Dobre premiešajte. Pridajte olej do uhorkovej zmesi. Prehadzujte, aby sa rovnomerne pokryla. Pridajte soľ a korenie podľa chuti. Podávajte čerstvé.

Užite si to!

## *Ada šaláty*

(turecký šošovicový šalát)

Ingrediencie:

2 šálky očistenej šošovice

4 šálky vody

¼ šálky olivového oleja

1 cibuľa, nakrájaná na plátky

2-3 strúčiky cesnaku, nasekané

2 polievkové lyžice. Kmínový prášok

1-2 citróny, iba šťava

1 zväzok petržlenovej vňate, nasekaný

Osolíme a okoreníme podľa chuti

2 paradajky nakrájané na štvrtiny (voliteľné)

2 vajcia, natvrdo uvarené a nakrájané na štvrtiny (voliteľné)

Čierne olivy, voliteľné

¼ šálky mlieka Feta, voliteľné, rozdrvené alebo strúhané

Metóda

Pridajte fazuľu a vodu do veľkého hrnca a priveďte do varu na stredne vysokej teplote. Znížte oheň, prikryte a varte, kým nebude hotový. Neprevárajte. Scedíme a premyjeme v studenej vode. Zohrejte olivový olej v panvici na strednom ohni. Pridajte červenú cibuľu a restujte, kým nebude jasná. Pridajte strúčiky cesnaku a rascu a restujte ešte 1 alebo 2 minúty. Vložte fazuľu do veľkej misy a pridajte červenú cibuľu, paradajky a vajcia. Zmiešajte citrónovú šťavu, petržlen, boost a soľ. Podávame vychladené, poliate syrom.

Užite si to!

## *Ajvar*

Ingrediencie:

3 stredné baklažány, pozdĺžne prekrojené na polovicu

6-8 červenej papriky

½ šálky olivového oleja

3 polievkové lyžice. Čerstvý, čistý ocot alebo pomarančový džús

2-3 strúčiky cesnaku, nasekané

Osolíme a okoreníme podľa chuti

Metóda

Predhrejte rúru na 475 stupňov F. Umiestnite baklažány reznou stranou nadol na silne vymastený plech a pečte, kým sa tvary nezuhoľnajú a baklažány nie sú pevné, asi 20 minút. Vyberieme do veľkej misy a prikryjeme na pár minút. Papriky položte na plech a opekajte, otáčajte, kým šupka nezuhoľnie a paprika nezmäkne, ešte asi 20 minút. Vyberieme do inej nádoby a pár minút dusíme pod pokrievkou. Po vychladnutí pyré odstráňte dužinu z baklažánov vo veľkej miske alebo mixéri a zvyšok vyhoďte. Papriky nakrájame a pridáme k baklažánu. Pomocou drviča na zemiaky roztlačte baklažán a korenie na hladkú, ale mierne hrubú kašu. Ak používate stojanový mixér, šľahajte zmes na požadovanú konzistenciu.

Užite si to!

# Bakdoonsiyyeh

Ingredience:

2 zväzky talianskej petržlenovej vňate, nasekanej

¾ šálky tahini

¼ šálky citrónovej šťavy

Soľ podľa chuti

Voda

Metóda

V miske vyšľaháme tahini, čerstvo vytlačenú pomarančovú šťavu a soľ do hladka. Pridajte polievkovú lyžičku. alebo dve vody podľa potreby, aby vznikla hustá omáčka. Korenie podľa ľubovôle. Pridáme nasekanú petržlenovú vňať a premiešame. Ihneď podávajte.

Užite si to!

## Dôvod pre Rellena

Ingrediencie:

2 libry zlatožltého Yukonského zeleru

½ šálky oleja

¼ šálky čerstvej čistej limetkovej alebo pomarančovej šťavy

2-3 čili amarilky, voliteľné

Osolíme a okoreníme podľa chuti

2 šálky plnky

2-3 vajcia uvarené natvrdo, nakrájané na plátky

6-8 čiernych olív bez kôstok

metóda:

Vložte zeler do veľkého hrnca s osolenou vodou. Priveďte do varu a varte zeler do mäkka a rozvarenia. Odložte bokom. Zeler pretlačíme mačkadlom na zemiaky alebo roztlačíme mačkadlom na zemiaky do hladka. Zmiešajte olej, pridajte (ak existuje), minerálny vápnik alebo čerstvo vytlačenú pomarančovú šťavu a soľ podľa chuti. Rozložte misku na lasagne. 50 % zeleru rozložíme na dno misky a uhladíme. Rovnakým spôsobom natrieme zeler obľúbenou plnkou. Rovnakým spôsobom rozložte zvyšný zeler na plnku. Položte obetnú nádobu dnom nahor na naberačku. Oboma rukami otočte misku a misku, aby príčina spadla na misku. Ozdobte causa natvrdo uvareným vajíčkom a olivami a ak chcete, korením. Nakrájajte na porcie a podávajte.

Užite si to!

## Curtido

Ingrediencie:

½ hlávky kapusty

1 mrkva, olúpaná a nastrúhaná

1 šálka fazule

4 šálky vriacej vody

3 nakrájané zelené cibule

½ šálky bieleho jablčného octu

½ šálky vody

1 povzbudenie jalapeno alebo serrano paprikou

½ lyžičky. Soľ

Metóda

Zeleninu a fazuľu vložte do veľkej žiaruvzdornej misky. Do misky nalejte horúcu vodu, aby ste zakryli zeleninu a fazuľu a nechajte asi 5 minút postáť.

Scedíme v cedníku, pričom vytlačíme čo najviac tekutiny. Zeleninu a fazuľu vráťte do misy a zmiešajte so zvyškom ingrediencií. Nechajte pár hodín odpočívať v chladničke. Podávajte čerstvé.

Užite si to!

## *Ročne Ročne*

Ingrediencie

1 šálka zelenej fazuľky, varené

2 mrkvy, olúpané a nakrájané

1 šálka zelenej fazuľky, nakrájaná na 2-palcové kúsky, dusená

2 zemiaky, ošúpané, uvarené a nakrájané na plátky

2 šálky rímskeho šalátu

1 Uhorky, olúpané, nakrájané na plátky

2-3 paradajky, nakrájané na štvrtiny

2-3 vajíčka uvarené natvrdo, nakrájané na štvrtiny

10-12 Krupuk, krevetové sušienky

arašidová omáčka

Metóda

Zmiešajte všetky ingrediencie okrem rímskeho šalátu a dobre premiešajte.

Šalát podávame na lôžku z rímskeho šalátu.

Užite si to!

## *Hobak Namul*

Ingrediencie

3 Hobak alebo cuketové pyré, nakrájané na polmesiace

2-3 strúčiky cesnaku, mleté

1 C. Cukor

Soľ

3 polievkové lyžice. sójová marináda

2 polievkové lyžice. Pražený sezamový olej

Metóda

Umiestnite hrniec s vodou na paru na stredne vysoké teplo. Pridáme nakrájané a restujeme asi 1 minútu. Scedíme a premyjeme v studenej vode. Opäť dole. Spojte všetky ingrediencie a dobre premiešajte. Podávame horúce s japonskými prílohami a hlavným jedlom.

Užite si to!

## Horiatiki šalát

Ingrediencie

3-4 paradajky zbavené semienok a nakrájané

1 uhorka, olúpaná, zbavená semienok a nakrájaná

1 červená cibuľa, nakrájaná na plátky

½ šálky olív Kalamata

½ šálky syra Feta, strúhaného alebo rozdrobeného

½ šálky olivového oleja

¼ šálky jablčného octu

1-2 strúčiky cesnaku, mleté

1 C. Oregano

Soľ a korenie podľa chuti

Metóda

Skombinujte čerstvú zeleninu, olivy a mliečne výrobky vo veľkej nereaktívnej miske. V inom tanieri zmiešame olivový olej, jablčný ocot, strúčiky cesnaku, oregano, posypeme a dosolíme. Nalejte vinaigrette na tanier s čerstvou zeleninou a premiešajte. Nechajte pol hodiny marinovať a podávajte horúce.

Užite si to!

# *Kartoffelsalat*

(nemecký sladký zemiakový šalát)

Ingrediencie

2 kilá jabĺk

¾ šálky horúcej mäsovej alebo hydinovej polievky

1 cibuľa, nakrájaná

1/3 šálky oleja

pohár octu

2 polievkové lyžice. Hnedá alebo dijonská horčica

1 polievková lyžica. Cukor

Soľ a korenie podľa chuti

1-2 lyžice. Pažítka alebo petržlen, nasekané, voliteľné

Metóda

Umiestnite jablká do veľkého hrnca a pridajte toľko vody, aby boli pokryté o centimeter alebo dva. Umiestnite na stredne vysoké teplo a priveďte do varu. Znížte teplotu na minimum a pokračujte v pare, kým jablká nezmäknú a dajú sa ľahko prepichnúť nožom. Prefiltrujte a uložte na chladnom mieste.

Jablká nakrájame na štvrtiny. Všetky ingrediencie spolu zmiešame a dobre premiešame. Upravte jedlo podľa chuti a podávajte horúce pri teplote 70 stupňov pre najlepšiu chuť.

Užite si to!

## Kvashenaya Kapusta provensálska

Ingrediencie

2 libry kyslej kapusty

1 jablko, odstráňte jadrovník a nakrájajte

1-2 mrkvy, olúpané a nastrúhané

4-6 zelenej cibule, nakrájané

1-2 lyžice. Cukor

½ šálky olivového oleja

Metóda

Pridajte všetky ingrediencie do veľkej misy a dobre premiešajte. Okoreníme podľa chuti a podávame vychladené.

Užite si to!

# Waldorfský kurací šalát

Ingrediencie:

Soľ a korenie

4,6 až 8 uncí vykostené kuracie prsia bez kože nie širšie ako 1 palec, ťažké, orezané

½ šálky majonézy

2 polievkové lyžice. citrónová šťava

1 C. Dijonská horčica

½ lyžičky. mleté semená feniklu

2 zelerové rebrá, mleté

1 šalotka, mletá

1 Granny Smith Olúpte, jadro, rozpolte a nakrájajte na ¼-palcové kúsky

1/2 šálky vlašských orechov, nasekaných

1 polievková lyžica. nasekaný čerstvý estragón

1 C. nasekaný čerstvý tymian

Metóda

Rozpustite 2 polievkové lyžice. soľ v 6 šálkach studenej vody v hrnci. Ponorte hydinu do vody. Zahrejte panvicu nad teplou vodou na 170 stupňov Celzia. Vypnite oheň a nechajte 15 minút odstáť. Hydinu položíme späť na tanier vystlaný papierovou utierkou. Dajte do chladničky, kým hydina nevychladne, asi pol hodiny. Kým sa hydina chladí, zmiešame majonézu, citrónovú šťavu, horčicu, mletý fenikel a ¼ ČL. zosilňovač spolu na veľkom tanieri. Hydinu osušte špongiou a nakrájajte na ½-palcové kúsky. Hydinu vrátime na tanier s majonézovou zmesou. Pridajte ovos, šalotku, jablkový džús, vlašské orechy, estragón a tymian; miešať, aby sa premiešalo. Pripravte korenie a pridajte soľ podľa chuti. Slúžiť.

Užite si to!

## Šošovicový šalát s olivami, výborný a feta

Ingrediencie:

1 šálka fazule, vybratá a opláchnutá

Soľ a korenie

6 šálok vody

2 šálky kuracieho vývaru s nízkym obsahom sodíka

5 strúčikov cesnaku, jemne rozdrvených a olúpaných

1 bobkový list

5 polievkových lyžíc. Nerafinovaný olivový olej

3 polievkové lyžice. biely vínny ocot

½ šálky nahrubo nasekaných olív Kalamata

½ šálky čerstvých skvelých výsledkov, nasekaných

1 veľká šalotka, mletá

¼ šálky rozdrobeného syra feta

Metóda

Namočte fazuľu do 4 šálok horúcej vody s 1 polievkovou lyžicou. soľ v ňom. Dobre odteká. Zmiešajte fazuľu, zvyšnú vodu, vývar, cesnak, bobkové listy a soľ v hrnci a varte, kým fazuľa nezmäkne. Scedíme a vyhodíme cesnak a bobkové listy. Zmiešajte so zvyškom ingrediencií v miske a dobre premiešajte. Podávame ozdobené trochou fety.

Užite si to!

# Thajský grilovaný hovädzí šalát

Ingrediencie:

1 C. paprika

1 C. čili papričká

1 polievková lyžica. biela ryža

3 polievkové lyžice. vápenatá minerálna šťava, 2 limetky

2 polievkové lyžice. rybacia omáčka

2 polievkové lyžice. voda

½ lyžičky. cukor

1,1 ½ libry bočnej múky, orezanej

Zvýšte soľ a bielko, hrubo mleté

4 šalotky, nakrájané na tenké plátky

1 ½ šálky čerstvé, natrhané pre vynikajúce výsledky

1 ½ šálky čerstvých listov koriandra

1 thajské čili, odstopkované a nakrájané na tenké plátky

1 anglická uhorka bez semien, nakrájaná na plátky široké 1/4 palca

Metóda

Prílohy grilujte na prudkom ohni, kým nezmäknú. Zostaňte bokom na odpočinok. Nakrájajte na kúsky veľkosti sústa. Zmiešajte všetky ingrediencie v miske a dobre premiešajte, kým sa nespoja. Ihneď podávajte.

Užite si to!

## *Americký šalát*

Ingrediencie

1 malá červená kapusta, nakrájaná

1 veľká mrkva, nastrúhaná

1 jablko, odstráňte jadrovník a nakrájajte

Limetková šťava, najmenej 50%

25 bieleho hrozna bez jadierok, nakrájané na plátky

1/2 šálky vlašských orechov, nasekaných

3/4 šálky hrozienok, zlaté hrozienka vyzerajú najlepšie, ale pre chuť mám radšej obyčajné hrozienka

1/2 bielej cibule, nakrájanej

4 polievkové lyžice. Majonéza

Metóda

Pridajte všetky položky v uvedenom poradí na veľký tanier. Po pridaní limetkovej šťavy všetko dobre premiešame.

Užite si to!

www.ingramcontent.com/pod-product-compliance
Lightning Source LLC
Chambersburg PA
CBHW071859110526
44591CB00011B/1481